谨以此书向所有帮助和支持本书撰写及出版的朋友致谢!

面向装配式住宅品质提升的标准化与集成化关键技术研究（编号：20224BBG72002），江西省科技厅重大课题

乡村振兴背景下农业数智化转型的增效机制及路径研究（编号：JJ23105），江西省教育厅高校人文社科研究规划项目

数字经济
对区域经济高质量发展的
影响及空间效应研究

陈灵明　张玉清◎著

江西人民出版社
Jiangxi People's Publishing House

全 国 百 佳 出 版 社

图书在版编目（CIP）数据

数字经济对区域经济高质量发展的影响及空间效应研究／陈灵明，张玉清著. -- 南昌：江西人民出版社，2023.12

ISBN 978-7-210-15085-5

Ⅰ．①数… Ⅱ．①陈… ②张… Ⅲ．①信息经济-影响-区域经济发展-研究-中国 Ⅳ．①F127

中国国家版本馆 CIP 数据核字（2024）第 013782 号

数字经济对区域经济高质量发展的影响及空间效应研究
SHUZI JINGJI DUI QUYU JINGJI GAO ZHILIANG FAZHAN DE YINGXIANG JI KONGJIAN XIAOYING YANJIU

陈灵明　张玉清　著

责 任 编 辑:陈　茜
封 面 设 计:回归线视觉传达

 出版发行

地　　　　址:江西省南昌市三经路 47 号附 1 号（邮编:330006）
网　　　　址:www.jxpph.com
电 子 信 箱:jxpph@ tom.com
编辑部电话:0791-88677352
发行部电话:0791-86898815
承 　 印 　 厂:北京虎彩文化传播有限公司
经 　 　 　 销:各地新华书店

开　　　　本:720 毫米×1000 毫米　1/16
印　　　　张:12.25
字　　　　数:175 千字
版　　　　次:2023 年 12 月第 1 版
印　　　　次:2023 年 12 月第 1 次印刷
书　　　　号:ISBN 978-7-210-15085-5
定　　　　价:58.00 元
赣版权登字-01-2023-647

序　言

拥抱数字经济　引领未来发展

林跃勤

当今时代,以 5G 移动通信技术、虚拟现实、人工智能、云计算、区块链等新一代信息技术为特征的数字经济日益渗透到社会再生产全过程、社会生活全领域,催生全新生产经营业态和生活消费模式。数字经济以其高创新性、强渗透性、广覆盖性等特点以及强劲驱动力,促进了资源要素的有序、合理、高效配置,也推动了技术创新,区域协调发展,新经济增长点培植,实体经济根基巩固壮大,传统产业结构重塑,经济发展效能提升以及相应管理行为理念、制度、范式的深刻变革。

过去多年,中国数字经济春风浩荡、快速发展。数据显示,中国数字经济总量从 2012 年的 11 万亿元增长到 2022 年的 50.2 万亿元,占国内生产总值比重从 21.6% 提高到了 42.88%。2022 年中国数字经济增速达 14.07%,显著高于同期国内生产总值增速。有关部门预测,到 2025 年中国数字经济规模将超越 60 万亿元大关,占国内生产总值比重将达 50%。数字经济已经成为引领中国经济跨越式成长和迈向高质量发展的强大引擎。同时,数字经济对空间广袤、发展水平参差不齐的中国这样的超大规模经济体的区域协调发展也表现出显著效应。基于互联网、大数据、云计算、人工智能等数字技术,数字经济为欠发达地区输出特色产品和服务,提供新机遇,打破地区间生产环节与消费环节的孤立分散状态,促进要素与商品区域间的资源合理配置、高效畅通,优化传统产业空间布局,促进欠发达区域加速发展和发达地区协同发展。数据资源的发掘利用、电商及物流体系的有机融合影响并改变了居民消费理念和消费行为,为全国各地消费者的个性化需求和多样化选择,特别是为欠发达地区居民及时享受到与发达地区同等性价比的快捷消费服务提供了可能。这不仅加速了消费市场提质扩容,还能促进消费升级并带动产业结构升级。而产业结构升级能够有效集聚和改善生产要素、改善城乡及区域间就业结构、提升全要素生产率。这些都有助于增强后发区域经济增长潜力、加速其发展并对全国区域协调发展大有裨益。

尽管数字经济蓬勃发展,但在实践中数字网络技术发展,电商与物流协同,数据开发与治理,对经济创新转型以及区域协调发展促动作用发挥的内在逻辑、影响机理、作用效能及相关政策机制等还需要加以合理解释,以便更好地促进数字经济稳健持续发展和效能提升。

为回应数字经济实践与理论问题,越来越多的学者在深入考察数字经济发展实践的基础上,深耕数字经济发展理论,尝试解释、探索数字经济发展规律及其对于经济结构优化、区域协调发展和经济整体高质量发展的引导和驱动机制与作用。

陈灵明博士、张玉清教授联袂撰写的《数字经济对区域经济高质量发展的影响及空间效应研究》一书从理论和实证视角,特别从产业结构、技术创新和外商直接投资角度,通过建立相关指标体系和行业调查及案例等剖析了数字经济对区域经济协调发展与高质量发展的影响机制及空间效应。作者认为,数字技术通过消费端和需求端信息的精准匹配,借助市场主体的交流、模仿、集成创新等途径,在改善本地区产业结构的同时,通过其对外部空间的渗透溢出效应,推动其他地区产业结构逐步优化。通过区域间数字技术、数据要素等的流动体制改革与政策创新,打破了要素流动壁垒、降低要素市场化配置成本,为欠发达地区市场主体机会均等地获取生产要素创造条件。通过集聚—扩散—平衡的区域发展动态演化逻辑,数字技术区域合作与资源共享机制促进市场要素由发达地区向欠发达地区辐射、转移和嵌入,拉动欠发达地区传统行业与新兴数字技术有机融合,推动欠发达地区产业升级和加速发展,促进了消费扩大和升级,从而加快了区域协调发展。

作者还进一步从发掘数字经济推动区域协调发展动力和提高驱动效率视角提出建议,加快欠发达地区网络数据基础设施建设,消除短板并适度超前建设,提升产业链数字化和智能化对欠发达地区产业优化升级的促进作用;给予欠发达地区更多数字经济发展方面的规制、政策、资金、技术、人才扶持,加快欠发达地区集聚后发优势和数字经济发展。本书客观描述和深入分析了数字经济对于促进中国区域协调发展和高质量发展的带动作用,并对其运行机制及空间效应给出了合理而清晰的解释。

数字经济方兴未艾、前程似锦。我国经济已由高速增长阶段转向高质量发展阶段,迫切需要更大范围、更宽领域、更高水平、更有成效地发掘利用数字技术及其对区域经济协调发展的潜力和动力、推动中国式现代化伟业的引领驱动作用。同时,也需要学术界对其发展趋势,以及增强发展动能、提质增效面临的挑战及有效应对机制进行新探索和提出新方案。

相信本书的问世能为广大读者提供新的分析视角、方法和结论,为数字经济决策者与实践参与者提升数字知识技能以及参与数字经济建设发展和高效治理提供有益启发,尤其是能为进一步丰富、充实和推动数字经济研究走向深入。

拥抱数字经济,引领未来发展。是为序。

2023 年 12 月 12 日

林跃勤　经济学博士,中国社会科学院研究员,中国社会科学院大学政府管理学院教授

前　言

　　数字经济时代的到来使数据成为生产要素之一,其即时流动性使交易成本、流通成本大大降低甚至为零,且不受传统意义上地理空间的影响,促进了资源要素的有序、高效配置,推进了技术创新和区域协调发展。与此同时,以 5G 移动通信技术、云计算和人工智能等新一代信息技术为特征的数字经济迅速发展,且日益渗透到生产和生活的各个领域,深刻改变着企业的生产模式和人民的生活方式。我国经济已由高速增长阶段转向高质量发展阶段,正处在转变发展方式、优化经济结构、转换增长动力的攻关期。数字经济的飞速发展是中国经济转型的关键,厘清数字经济如何影响区域经济高质量发展、数字经济对区域经济高质量发展的影响机制具有重要的理论意义与现实意义。因此,本书以数字经济和区域经济高质量发展作为研究对象,为我国经济转型和区域经济高质量发展提供新思路与新途径。

　　基于以上背景,本书采用文献研究法、定性分析和定量分析相结合、实证分析法、数理建模法、空间面板计量法,首先结合新古典增长模型(NGM)和内生增长模型(AK),重新构建 Sol-End 增长模型,以论述数字经济发展是数字行业与传统行业融合的过程。然后从直接影响和间接影响两个方面探究数字经济对区域经济高质量发展的影响机制,特别从产业结构、技术创新和外商直接投资角度论证数字经济影响区域经济高质量发展的中介效应。在此基础上,建立指标体系分别测算数字经济发展水平与区域经济发展质量,然后选取 2011—2019 年的省级面板数据,实证检验数字经济影响区域经济高质量发展的空间效应。

本书的主要结论包括以下几点:第一,数字经济对区域经济高质量发展具有直接效应、间接效应和空间效应。数字经济通过产业结构高级化合理化、提高生产效率、整合国际资源共同推动区域经济高质量发展。第二,不同区域数字经济的发展水平存在时空差异。我国数字经济发展非常快,但是区域发展不均衡,较发达地区保持在高位,欠发达地区增长迅速但是维持在较低水平。第三,不同地区经济高质量发展水平具有时空差异。我国经济高质量发展水平整体呈现上升趋势,基本保持稳定、平衡、快速的发展状态,波动小,具有线性发展特征。第四,数字经济通过产业结构、技术创新和外商直接投资促进区域经济高质量发展。数字经济对区域经济高质量发展的促进作用强势且稳定,二者之间具有非线性关系。当以产业结构作为门槛变量进行回归时,存在"双门槛"结构。第五,数字经济对区域经济高质量发展具有空间效应,空间溢出效应大多存在正向显著影响。这说明数字经济不仅能促进本地区经济高质量发展,对周边地区也会带来正向溢出效应。区域之间的发展不平衡需要政府部门的宏观调控,加强区域协调,促进平衡发展。

相较于已有文献,本书主要的创新之处有以下三点:第一,研究理论创新。数字经济与区域经济高质量发展的相关文献虽然较多,但对两者之间的影响机制缺乏系统研究。新古典增长模型和内生增长模型都无法完全解释数字经济背景下中国经济如何高质量转型,因此本书尝试将这两个模型结合在一起,构建数字经济背景下经济转型的 Sol-End 增长模型分析数字经济影响区域经济高质量发展的可能路径。在 Sol-End 增长模型的基础上论证数字经济影响区域经济高质量发展的新机制。第二,研究方法创新。数字经济存在明显的空间溢出效应,以往的研究集中在数字经济与经济高质量发展的时序联系,缺少从空间角度的研究。本书基于空间滞后模型(SAR)和固定效应模型(FE)进行空间面板估计,选取邻接权重矩阵、地理权重矩阵和经济距离权重矩阵研究数字经济影响区域经济高质量发展的空间效应。通过实证检验数字经济对区域经济高质量发展的影响,为从空间角度研究区域数字经济发展,促进区域经济协调、平衡发展提供新思路。第三,研究视角创新。以往的研究较多地关注数字经济促进经济高质量发展的机制,忽略了其所呈现的区域特征,而本书突出区域高质量发展与协调发展的统一,将它们置于数字经济背景下进行研究。本书具体分析了数字经济发展水平的区域差异、经济高质量发展水平的区域差异,以及数字经济对区域经济高质量发展的影响差异和空间差异,为推动新发展格局以及区域经济高质量发展提出了新对策。同时可以更清晰地了解区域差异的特征,为区域经济高质量发展、协调发展和平衡发展提供了新路径。

|目　录|

第1章

绪论

1.1 选题背景与研究意义

1.1.1 选题背景

党的十九大报告明确指出,我国经济已由高速增长阶段向高质量发展阶段,正处在转变发展方式、优化经济结构、转换增长动力的攻关期。中国企业改革与发展研究会常务副秘书长李华在 2021 年 8 月举办的"《企业高质量发展评价指标》团体标准发布会暨企业高质量发展专题研讨会"上强调,建设我国现代化经济体系的必由之路是推动区域经济高质量发展,从"要素驱动"转向"创新驱动",实现创新、协调、绿色、开放、共享的新发展理念。

在新的时代背景下,以物联网等为代表的新一代信息技术发展非常迅速,全面渗透到传统经济中,变革了社会生产方式,在全球范围形成了数字经济。数字经济是在新一轮科技革命和产业变革中孕育兴起的新兴模式,带来了商业模式的突破性创新。以人工智能等数字技术为代表的科技革命加快了数字经济与传统产业的融合效应,尤其是以互联网为代表的网络效应和溢出效应,都将对未来的经济、社会和生活等各个领域带来辐射。数字经济给商业模式带来了突破性的创新发展,使新技术和传统技术相互融合,催生了产品和服务的创新与优化。新产业、新模式和新业态如雨后春笋一般出现在市场中,网络化、数字化的应用场景也使万物相联走进了市场,大力推动了经济、社会各领域的高质量发展。因此,世界各国纷纷制定相应的战略和政策,把数字经济作为本国经济发展的重要驱动力,充分融合传统经济的发展,拓展数字经济在生产和生活中的应用领域。

近些年,数字基础设施迅速完善,4G信息技术发展飞快,以此为依托的行业增长显著,5G网络也在逐步普及。此外,大数据、云计算中心和工业互联网等新型基础设施也在不断建设完善。数字经济在我国的发展起步比较晚,不过发展速度已经超乎预料,并且已经渗透到经济、社会和生活的各个领域,取得了不错的效果。数字技术发挥了融合效应、网络效应和溢出效应等区别于传统经济的独特优势,为社会资源的调整和合理配置等提供了强有力的支撑(姚志毅、张扬,2021)。随着数字经济的逐步成熟,人们的工作、生活已离不开网络,可见信息化与数字经济发展水平成为国民经济体系的重要组成部分(刘军、杨渊鋆、张三峰,2020)。数字行业增加值增速迅猛,根据中国信息通信研究院的数据,在新冠疫情冲击和全球经济下行压力的双重叠加影响下,我国数字经济仍然保持9.7%的高位增长。由图1.1可知,2020年我国数字经济规模占国内生产总值的比重达到38.60%,比2019年增长了2.3个百分点。

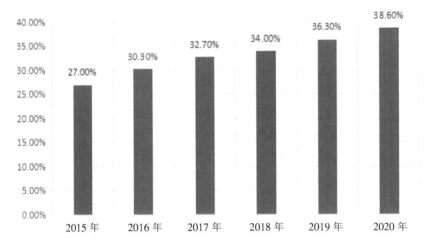

图1.1　2015—2020年我国数字经济规模占国内生产总值的比重
注:数据来源于中国信息通信研究院。

数字经济发展契合经济转型,其带来的创新诠释了中国经济转型过程中以互联网为代表的新兴行业与传统行业的融合,推动了产业结构的优化升级。数字经济在经济转型中具有引擎作用,在我国经济发展中扮演着重要的角色,也是国民经济的中坚力量。因此,关于数字经济如何推动经济高质量发展具有重要的研究价值。一方面,数字经济具有强渗透性、扩散性,以及高度融入传统产业中的关联性和溢出性,说明数字经济对经济高质量发展的影响可能并非简单的线性关系。数字经济在发展的不同阶段和时期,对经济高质量发展的推动作用如何变化也不能简单确定。另一方面,数字经济渗透到经济、社会和生活等各个领域中,高度的网络效应和融合效应改变了要素的使用方式和投入结构,对社会资源的优化配置和生产要素的流动等都具有促进作用。以互联网等数字技术为典型特征的数字经济,催生了数字平台。互联网平台作为转型的基础,是新的产品和服务的数字载体,从而形成数字产业的生态。通过互联网平台的服务,买卖双方的交易流程都以数字化的形式完成,使得供需双方之间的联系更加快速和便捷。另外,"智慧交通""电子政务平台"等应用也越来越广泛,与传统经济平行且交互的虚拟世界还有"元宇宙",这是对数字生态的进一步研究(陈永伟、程华,2022)。数字经济的发展还推动了市场规模的扩大,提高了生产效率。然而,数字经济在促进经济高质量发展过程中还需要其他因素作为中介。因此,厘清数字经济促进经济高质量发展的作用机制,验证数字经济的影响作用,通过发展数字经济推动区域经济高质量发展具有重要的实践意义。基于以上背景,本书以数字经济和区域经济高质量发展作为研究对象,探讨两者的相互关系、作用机制与影响路径。

1.1.2 研究意义

数字经济蓬勃发展,世界各国都制定了相关的数字经济发展战略和相关的政策,全国各省结合本省的实际情况,也制定了相关的政策加快数字经济发展的步伐。数字经济向经济社会和产业发展的各个领域深入渗透,同时也广泛融入人民群众生产和生活的各个领域,催生了一系列新模式、新业态和新产业,成为经济高质量发展的新动能。本书主要从时间和空间两个视角,研究数字经济与区域经济高质量发展的相互关系、作用机制与影响路径,具有重要的理论意义和现实意义。

(1)理论意义

一是有利于全面把握数字经济的作用机制,探索数字经济驱动经济高质量发展的影响路径。数字经济通过创造效益、降低成本,催生新兴产业直接影响经济高质量发展;通过产业结构、技术创新和外商直接投资间接影响经济高质量发展。数字经济作为一种新的经济形态和资源配置方式,集中体现了新发展理念中的"创新发展"理念;数字经济带动供需匹配非常精准,有助于实现城乡之间、区域之间的"协调发展";数字经济降低了信息流动的成本,使资源得到了充分的利用,体现了"绿色发展"理念;数字经济的发展不完全遵循传统的地理空间的体系划分,也不完全受地理空间的影响,而是转向虚拟的信息空间,体现了"开放发展"理念;数字经济红利的进一步释放,积极扩大了经济的利益分配,尤其是共享到落后地区和低收入群体,体现了"共享发展"理念。本书从时间和空间两个视角研究数字经济对经济高质量发展的效应,可以为数字经济对经济高质量发展的作用机制提供理论依据,不仅可以弥补现有研究的不足,还能为数字经济对经济高质量发展的影响路径提供理论支持。

二是有利于从时间和空间演变特征的视角深化经济高质量发展的研究,丰富现有研究。关于经济高质量发展,现有文献研究比较多,但是内容相对单一。本书结合时间和空间演变特征,分别构建了评价指标体系,分析数字经济的时间演变和经济高质量发展的区域分布情况,利用莫兰散点图作了空间自相关分析,并通过基准回归、中介效应、门槛回归模型对数字经济推动经济高质量发展进行了实证检验;还基于邻接权重矩阵、地理权重矩阵和经济距离权重矩阵,利用空间滞后模型分别探讨了数字经济对区域经济高质量发展的空间效应。研究发现,我国应充分利用现代数字经济的发展,逐步释放数字经济的红利,深化供给侧结构性改革,进而推动经济高质量发展,最大限度地满足人民对美好生活的追求。

(2)现实意义

一是有利于充分发挥数字经济的促进作用。从现实的角度来讲,数据和信息可以实现零成本即时交换,不仅可以降低信息搜索、精准匹配和交易的成本,还可以大大提高企业经济的运行效率,进而使资源流向资本密集型行业和产业,并向生产、生活领域和公共治理领域广泛渗透,加速产业融合和聚集,形成以高效低碳发展为特征的经济高质量发展创新路径。同时,数字技术也加强了政府的社会治理能力,大大提高了政府的社会服务水平。

二是促进区域协调发展。数字技术发展加强了城市与城市之间、地区与地区之间、国家与国家之间的空间联系。以往受限于地理空间,地区间经贸往来的限制较多,经济发展联系少,区域协调发展难度大,数字经济的发展打破了地区间区位、距离和经贸往来等限制,深刻影响着生产要素、技术、人力资本等的流出区域和流入区域。核心地区不断突破时空局限,发展模式辐射周边地区,促进区域知识的共享与整合,推动整个区域的技术进步,也为数字经济发展营造良好环境。研究数字经济与区域经济高质量发展的空间联系为促进区域协调发展、提高区域资源配置效率、打破地区间流通限制提供了新路径。

1.2 研究目标与研究思路

1.2.1 研究目标

从前文的选题背景和研究意义来分析,数字经济催生了新型商业业态、商业模式和商业动能,全国各省纷纷出台相关的战略和政策大力发展数字经济。数字经济对经济高质量发展的作用机理是什么,数字经济应该如何进行测度,各省之间的空间经济联系是什么,都是本书需要解决的问题。据此,本书研究数字经济对经济高质量发展影响的作用机理,对数字经济和经济高质量发展进行测度,对数字经济和区域经济高质量发展的时空效应进行深入的研究,为"数字中国"的建设提供一定的理论支持和实践参考。具体而言,研究目标如下:

第一,构建科学合理的指标体系,测度数字经济和经济高质量发展的指数。基于现有的文献研究基础,采用熵值法和主成分分析法分别测度数字经济发展指数和经济高质量发展指数,并客观分析其时间和空间演变特征。

第二,结合基础理论,运用新古典增长模型和内生增长模型,探索数字经济对经济高质量发展的作用机理。在现有文献的基础上,本书尝试从创造效益、降低成本和新兴产业三个方面来论证数字经济影响区域经济高质量发展的直接影响;从产业结构、技术创新和外商直接投资三个方面来论证数字经济对区域经济高质量发展的间接影响;从溢出效应、网络效应和中介效应三个方面论证数字经济对区域经济高质量发展的空间影响,并通过基准回归、中介效应和门槛回归模型进行实证分析。

第三,结合邻接权重矩阵、地理权重矩阵和经济距离权重矩阵,通过空间计量模型来检验数字经济和区域经济高质量发展之间的空间效应。在现有的文献基础上,通过 LM 检验来选择具体的空间计量模型,通过 Hausman 检验来选择固定效应还是随机效应,实证分析数字经济影响区域经济高质量发展的空间效应,并结合作用机理和实证结果,提出有针对性的政策建议。

1.2.2 研究思路

首先,在充分吸收已有文献资料的基础上,梳理国内外关于数字经济和区域经济高质量发展的相关文献,界定数字经济和经济高质量发展的概念,阐释数字经济促进区域经济高质量发展的理论基础。

其次,构建评价指标体系对数字经济发展水平和区域经济高质量发展的指数进行测度;并从时间和空间演变的角度进行特征分析和地区差异分析,为本书的后续实证研究做好铺垫工作。

最后,将数字经济和区域经济高质量发展纳入同一个分析框架,通过数字经济影响区域经济高质量发展的作用机理,运用基准回归、中介效应、门槛回归和空间计量模型,论证数字经济对区域经济高质量发展的直接影响和间接影响,研究数字经济对区域经济高质量发展的空间效应,并进行机制检验和异质性分析,提出有针对性的政策建议。

本书研究框架见图 1.2。

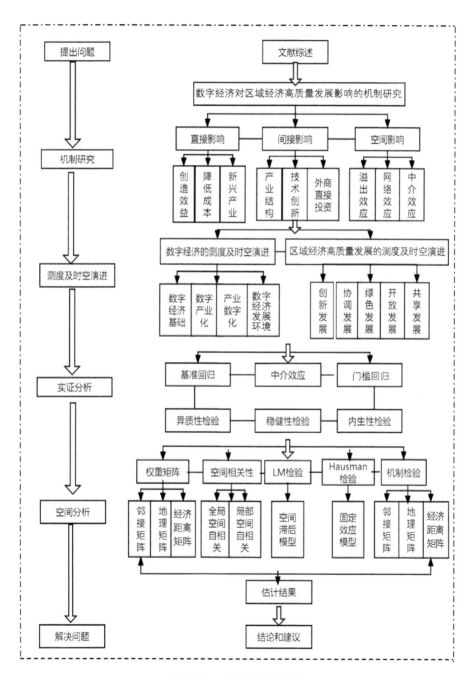

图 1.2 本书研究框架图

1.3 研究内容与研究方法

1.3.1 研究内容

本研究共分为七章,各章主要内容如下:

第 1 章:绪论。在对相关文献进行梳理的基础上,首先主要阐述了本书的选题背景和研究意义,然后提出了本书的研究目标与研究思路,并介绍了本书的研究内容与研究方法,最后提出了本书的主要创新之处。

第 2 章:文献综述与理论基础。首先,回顾国内外相关研究现状,界定数字经济和区域经济高质量发展的内涵。其次,结合数字经济的文献综述、区域经济高质量发展的文献综述、数字经济对区域经济高质量发展影响的文献综述这一脉络对国内外的文献进行梳理,对已有研究进行回顾,了解国内外研究的现状,并进行文献述评,为本书的研究提供启示。最后,详细介绍了数字经济影响区域经济高质量发展的理论基础,主要包括融合效应理论、溢出效应理论和核心边缘理论。

第 3 章:数字经济对区域经济高质量发展影响的机制研究。本章首先提出了数字经济背景下经济转型的 Sol-End 增长模型。其次,从微观和宏观两个视角论证数字经济对区域经济高质量发展的直接影响,从产业结构、技术创新和外商直接投资三个方面论证了数字经济对区域经济高质量发展的间接影响。最后,从溢出效应、网络效应和中介效应三个视角论证了数字经济对区域经济高质量发展的空间影响。

第 4 章:数字经济和区域经济高质量发展的测度及演变。本章首先提出了指标构建的原则、评价指标、数据来源及测算方法,主要从数字基础设施、数字产业化、产业数字化和数字经济发展环境 4 个维度、9 个二级指标和 30 个三级指标,结合 2011—2019 年的面板数据,使用熵值法综合评价中国数字经济发展综合指数,并且从时间和空间演变特征两个角度对测算结果进行了分析。然后,叙述了指标体系、评价方法及数据来源,主要从创新、协调、绿色、开放、共享 5 个维度、14 个二级指标和 32 个三级指标,结合 2006—2019 年的面板数据,使用主成分分析法综合评价中国总体和各地区的经济高质量发展水平,并且从时序演变和空间演变两个角度对测算结果进行了综合评价。最后,从总体经济发展层面来看,中国经济高质量发展水平整体呈现上升趋势。

第 5 章:数字经济影响区域经济高质量发展的实证分析。本章结合第 4 章数字经济发展水平的综合指数和经济高质量发展水平,基于 2011—2019 年全国 30 个省份的面板数据,通过基准回归、中介效应和门槛回归模型实证检验了数字经济对经济高质量发展的影响机理,通过稳健性检验和异质性检验并得出结论。

第 6 章:数字经济影响区域经济高质量发展的空间效应。本章首先简要介绍了邻接权重矩阵、地理权重矩阵和经济距离权重矩阵的构建。然后,从全局空间自相关和局部空间自相关两个角度分别阐述了数字经济和经济高质量发展的空间相关性。最后,通过 LM 检验和 Hausman 检验,选取空间滞后模型和固定效应模型,对空间面板模型估计结果进行分析,并作了中介效应检验和异质性检验。

第 7 章:研究结论与政策建议。本章主要总结前文研究得出的结论,并就数字经济对区域经济高质量发展提出针对性的政策建议和研究展望。政策建议分别为更新数字基础设施、加强区域协调发展、优化产业结构、提高技术创新水平、优化外商直接投资环境、加强数字人才培育、完善数据要素市场。

1.3.2 研究方法

本书基于区域经济学、新经济地理学、空间经济学等多种学科理论,结合文献研究法、定性分析和定量分析相结合、实证分析法、数理建模法、空间面板计量法,将数字经济和区域经济高质量发展纳入同一个分析框架,具体分析数字经济对区域经济高质量发展的影响及空间效应等相关问题。

(1)文献研究法

本书结合数字经济和区域经济高质量发展的关键词,广泛收集了大量国内外的文献资料,梳理现有相关研究的脉络,了解国内外研究动态,这一研究方法贯穿全书。在整理国内外相关研究的基础上,洞察前人研究的心路历程,科学合理测度数字经济发展水平;基于新发展理念分析经济高质量发展的指标体系并对其进行测度,为本书研究数字经济对区域经济高质量发展的作用机制提供重要的研究基础和研究素材。

(2)定性分析和定量分析相结合

本书通过 2011—2019 年的省级层面面板数据,采用熵值法测算数字经济发展水平综合指数并进行时空分析;通过 2006—2019 年的经济高质量发展相关数据,采用主成分分析法测算经济高质量发展水平并进行时空分析;分析数字经济对区域经济高质量发展的时空效应,进行机制检验和异质性检验。

(3)实证分析法

数字经济和区域经济高质量发展是本书研究的重要部分,本书借助 Stata 16 软件,第 4 章在借鉴已有研究的基础上,构建相关指标体系分别对数字经济和经济高质量发展进行测度;第 5 章运用基准回归、中介效应、门槛回归模型及稳健性检验等实证方法研究数字经济对区域经济高质量发展的直接影响和间接影响。具体如下:

对于数字经济的测度,第 4 章首先构建科学合理的评价指标,主要采用熵值法对各项指标的权重进行赋权,计算得出中国各省的数字经济发展水平综合指数。因为主观赋权法会受到人为因素的影响,而客观赋权法中的熵值法可以回避指标权重赋值时的人为因素干扰,使测算出来的结果更加科学合理。

对于经济高质量发展的测度,第 4 章首先构建评价指标体系,主要采用客观赋权法中的主成分分析法,对创新、协调、绿色、开放和共享等 5 个维度确定各单项指数在其中一个维度指数中的权重以合成一个维度指数,进而合成总指数,即对中国各省份经济高质量发展的综合指数进行了测度。主成分分析法不仅可以测算五个维度的量化结果,还能充分反映 5 个维度的指标对于总指数的贡献。

本书还使用 ArcGis 10.6 软件,通过绘图的方式对数字经济和经济高质量发展的分布情况进行纵向可视化处理和不同年份的时空对比。

(4)数理建模法

新古典增长模型和内生增长模型都无法完全解释数字经济背景下中国经济

高质量的转型特征。本书尝试结合新古典增长模型和内生增长模型,构建数字经济背景下经济转型的 Sol-End 增长模型,从理论上分析数字经济促进区域经济高质量发展的路径。

(5)空间面板计量法

在论证数字经济影响区域经济高质量发展的空间效应时,构建了空间面板计量模型。第 6 章利用邻接、地理和经济距离三种权重矩阵分别从全局和局部空间自相关两个视角对数字经济和区域经济高质量发展进行分析,借助莫兰散点图对数字经济和经济高质量发展水平进行空间相关性分析,同时借助 Stata 软件,通过 LM 检验和 Hausman 检验,运用空间滞后模型和固定效应模型分析数字经济影响区域经济高质量发展的空间效应,并进行机制检验和异质性检验。

1.4 创新之处

本书创新之处有三个方面。

第一,研究理论创新。数字经济与区域经济高质量发展相关的文献虽然较多,但对两者之间的影响机制缺乏系统深刻的研究。由于新古典增长模型和内生增长模型都无法完全解释数字经济背景下中国经济高质量转型,本书尝试将这两个模型结合在一起,构建数字经济背景下经济转型的 Sol-End 增长模型,从理论上分析数字经济影响区域经济高质量发展的可能路径。在 Sol-End 增长模型的基础上分别从时间和空间两个角度论述数字经济影响区域经济高质量发展的新机制。

第二,研究方法创新。数字经济存在明显的空间溢出效应,以往的研究集中在数字经济对区域经济高质量发展的时序联系,缺少从空间角度的研究。本书基于空间滞后模型和固定效应模型进行空间面板估计,选取邻接权重矩阵、地理权重矩阵和经济距离权重矩阵研究数字经济与区域经济高质量发展的空间效应。通过实证检验数字经济对区域经济高质量发展的时空影响,为从空间角度研究区域数字经济发展,促进区域经济协调、平衡发展研究提供新思路。

　　第三,研究视角创新。本研究突出了区域高质量发展与协调发展的统一,将它们置于数字经济背景下进行研究,以往的研究较多地关注数字经济促进经济高质量发展的机制,忽略了其所呈现的区域特征。本书具体分析了数字经济发展水平的区域差异、经济高质量发展水平的区域差异,以及数字经济对区域经济高质量发展的影响差异,数字经济对区域经济高质量发展的空间差异,为构建新发展格局和区域经济高质量发展提出了新对策,同时可以更清晰地了解区域差异的特征,为区域经济高质量发展和协调发展、平衡发展提供新路径。

第2章

文献综述与理论基础

在对现有文献进行梳理、归纳和总结的基础上,本章对数字经济和经济高质量发展的概念进行界定;从数字经济的评价指标、影响因素和作用机理三个方面梳理数字经济的文献综述;从经济高质量发展的评价指标、测度与影响三个方面梳理归纳经济高质量发展的文献综述;归纳数字经济影响经济高质量发展的文献综述;阐释了融合效应理论、溢出效应理论和核心边缘理论,为后续研究奠定理论基础。

2.1 数字经济的相关研究

2.1.1 数字经济的相关概念

(1)数字技术

在数字化时代背景下,数字技术是多种数字化技术的统称,包括区块链、大数据、云计算、人工智能和虚拟现实等(Vial,2019)。数字技术是数字经济发展的重要引擎。谢璐、韩文龙(2022)提出数字技术是将图、文等各种数据进行技术处理,转码成电脑可以读取的计算机语言,并根据客户的需求进行数据处理的新型技术。邢小强、周平录、张竹等(2019)将数字技术分为数字内容技术和数字连接技术。数字内容技术主要是从记录和处理两个角度对数据进行生产与制作并按照规定的要求完美呈现出来,比如我们可以随时随地用智能手机根据自己的喜好拍摄自己喜欢的风景和人物等。抖音(短视频社交软件)、快手(短视频平台)等充分发挥了数字记录和数字处理功能的优势。所谓数字记录,是指摄像的时候不要抖动,方向要校准,图像要清晰等;所谓数字处理,是指对拍摄的视频配上音乐和字幕,利用神经网络等技术控制特效等。而数字连接技术是从传输和分布两个角度对数据进行终端与环境的匹配,给客户良好的体验感,比如网络的带宽、视频的转码技术等都会影响数据(比如视频)的传输速度与播放质量。

数字技术是数字经济发展的重要保障,数字经济是数字技术发展到一定阶段的历史产物,是一种崭新的经济形态,具有重要的研究价值。数字技术的快速发展推动数字经济与传统经济快速融合,实现数字产业化和产业数字化。数字经济的快速发展倒逼数字技术的更新换代。数字技术和数字经济的快速发展为我们的生产、生活带来了巨大的便利,尤其是农村经济,出现了"数字农业",这还是一种变革式的科技革命,同时对世界经济的发展前景和发展方向起着重要的引导作用。从现有文献来看,数字技术是数字经济的主要起源(Bulkht & Heeks,2017),新一代数字技术和传统行业快速融合并与第一、二、三产业深度融合,随之催生蓬勃发展的数字经济。数字技术是数字经济的三大核心支柱之一,另外的两个是数据要素和数字平台。从微观的角度来看,在新冠疫情期间,大数据、移动互联网、云计算、5G 通信技术等新一代数字化技术扑面而来,深度融入实体经济中,使数字化生产生活方式渐成常态。从宏观的角度来讲,数字化力量正在不断冲击和颠覆人们的传统认识和思维方式,促使我们必须认识数字技术的重要性,并且将数字技术融入我们的生活和工作当中,重构社会生产方式和政府治理模式。从企业的角度来看,新冠疫情也给很多企业带来了业务冲击,甚至使业务中断,那么企业也必须拥抱数字技术,才能在变化莫测的数字经济时代寻求突破、持续发展。Vial(2019)认为破坏性也是数字技术的本质特征之一,所以我们对任何新生事物要用全面的、辩证的方法去思考。Goldfarb 和 Tucker (2019)提出数字技术可以融合传统经济和传统产业,催生新经济、新产业和新模式,实现产业数字化转型;数字技术还可以提高劳动力的工作效率,降低生产者的生产成本,助推数字产业化。数字技术就像一把双刃剑,它既可以改变现有的商业模式,也可以创新地发展现有的商业模式。数字技术也可以从供给侧角度在更大程度上满足消费者的个性化和多样化需求。陈庆江、王月苗、王彦萌(2021)基于上市公司数据实证检验了数字技术应用与企业创新的直接关系。可以预见,在不久的未来,万物互联、机器人、融合智能、数字孪生……都将成为现实。

(2)数字经济

"数字经济"这一术语最早出现于 20 世纪 90 年代。1996 年,数字经济之父——经济学界著名学者 Tapscott 在《数字经济——联网智力时代的承诺和风险》一书中首次提出"数字经济"的概念,描述了信息技术的数字革命对商业行为的影响,开启了全世界数字经济研究的大幕。数字经济发展迅速,其概念也逐步丰富并与信息技术快速演变和融合。关于数字经济的含义,目前还没有统一的界定,国内外学术界、第三方学术研究机构、政府学术研究机构都对数字经济的定义提出了自己的看法,对数字经济进行了相应的归纳和总结。本书从三个方面来阐述数字经济的内涵特征。

第一,数字经济的组成要素。数字经济沿着信息经济—互联网经济—数字经济的发展脉络逐步发展(许宪春、张美慧,2020),不仅拓展了数字经济的内涵和外延,而且使新的商业模式更为多元化、产业的统计分类逐步完善(关会娟、许宪春、张美慧等,2020),同时也模糊了行业的边界。数字经济在国外发展比较早,美国商务部(1998)在《浮现中的数字经济》研究报告中提出,随着数字技术融入社会生产,工业经济逐步转向数字经济。不同的学者对于数字经济的组成要素观点不一,具体见表 2.1。

表 2.1　数字经济的组成要素

数字经济	关键组成要素	学者
一个组成部分	信息通信技术产业,即一个具体的经济部门	Kling & Lamb(1999) Cohen, De Long & Zysman(2000)
	数据。直接或间接利用数据来引导资源发挥作用都可以纳入数字经济的范畴,比如数字新场景、数字新营销、数字新零售等	易观智库(2021)
	数字化投入。各类数字化投入带来的全部经济产出	Knickrehm et al. (2016)
两个组成部分	数据和数字平台。数字平台包括交易平台和创新平台。交易平台是双边或多边市场,创新平台是应用程序和软件环境	UNCTAD(2019)
	电子商务和信息技术	Moulton B. (1999)
	信息通信技术基础设施和信息数字化	Brynjolfsson & Kahin (2000)
	数字产业化和产业数字化。其中数字产业化主要指信息产业的增加值;产业数字化包括信息技术对其他产业的贡献	Tapscott(2015)
三个组成部分	电子业务基础设施、电子业务、电子商务	Mesenbourg(2001)
	电子商务、电子商务基础设施和电子商务流程(核心层、中间层和最外层)	Gough J. (2015) Bukht & Heeks(2019)
四个组成部分	数字化赋权基础设施(计算机硬件、软件,电信设备)、数字化媒体、数字化交易和数字经济交易产品	许宪春、张美慧(2020)

　　第二,数字经济的本质和特征。数字经济经历了信息经济—互联网经济—数字经济的动态发展过程。现有文献一致认为,数字经济是一种新的经济形态,是数字技术和信息化共同作用的结果。随着以信息通信技术为代表的信息产业的快速发展,信息技术不断渗透到传统经济运行的各个方面,融入人们生活和生

产的各个领域,进而信息经济模式诞生了。自 21 世纪以来,互联网迅速发展并快速融入社会经济的运行,对经济发展的作用不容小觑。互联网和信息通信技术一样,迅速融入社会经济、生活、生产的各个领域,进而互联网经济时代来临。数字经济是 Tapscott(1996)在《数字经济——联网智力时代的承诺和风险》一书中提出的,他认为数字经济描述的是一个广泛运用信息和通信技术(ICT)的经济系统。李长江(2017)认为数字技术对数字经济的发展具有重要的驱动力,以数字技术方式进行生产是数字经济的本质特征。张鹏(2019)认为数字经济的本质是一种新的经济形态,是基于数字技术以资源优化配置为目标的生产组织方式的不断演化,是数字技术、组织和制度相互作用的具体体现。数字经济的发展使经济要素等各方面都发生了颠覆性的变革,杨青峰、李晓华(2021)将其归结为技术经济范式变革。关于数字经济的特征,不同的学者观点也有差异。Tapscott(2015)认为数字经济具有 12 个特征,分别为知识驱动、数字化、虚拟化、分子化、集成/互联工作、去中介化、聚合、创新、消费者也是生产者、及时、全球化、不一致性。有的学者从平台化、数据化和普惠化来论证(钟敏,2021);有的学者基于信息的边际收益视角出发,从高成长性、强扩散性和降成本性来论证(宋洋,2019)。本书也认为数字经济具有高成长性、强扩散性和降成本性的特征。

第三,数字经济的形态和作用。从广义的视角来看,数字经济不再仅仅局限于某个具体的产业或者行业,其与数字技术、电子商务的关系非常密切。从数字经济的外延出发,数字经济是一种崭新的、特殊的经济形态(Beomsoo Kim,2002;荆文君、孙宝文,2019),是一种新兴的商业模式(Paul Miller & James Wilsdon,2001),是更高级且更可持续的经济新业态(裴长洪、倪江飞、李越,2018),是数字技术蓬勃发展的成果。也有学者认为数字经济只是一个阶段性的概念,未来可能会退出历史舞台(马化腾,2017)。数字经济是数字技术突破性发展的阶段性产物,是中国经济高质量发展的关键引擎(丁志帆,2020);数字经济具备颠覆性的创新冲击和破坏作用,政府的"竞合型"政策可以强化数字经济的技术溢出和技术冲击效应(许恒、张一林、曹雨佳,2020)。数字经济从企业层面颠覆了成本、价格和数量的传统逻辑,并充分发挥了现代范围经济的作用(杨新铭,2017),如通过植入广告来赚取伴生利润;数字经济还从产业层面通过网络平台颠覆了我们对传统经济的认知,解决了"一手交钱一手交货"带来的"囚徒"困境;数字经济对于传统经济的资源配置方式也有一定的颠覆效果,所以政府对于数字化持积极态度。

数字经济是以云计算、互联网等新一代数字技术为载体,以数据为崭新的生产要素,通过数字经济基础环境的加速和提升,使资源配置更为合理、资源利用更为充分(微观经济学的角度),促进经济的增长,推动经济高质量发展(宏观经济学的角度)的新型经济形态。简言之,数字经济是第四次工业革命的产物,也是历史发展的产物,是一种崭新的经济形态。数字经济的内涵主要包括三个方面。第一,数字经济的产生是以数字技术飞速发展的时代背景为前提,如大数据、云计算、人工智能和5G通信等新一代信息技术。数字技术是数字经济的动力机制。数据是数字经济的关键要素,具有巨大的潜能,是和资本、劳动力并行的一种重要的生产要素。第二,数字经济是当前及未来经济发展过程中的一种新的经济形态,它模糊了传统经济市场理论中消费者和生产者的概念。第三,数字经济正在渗透融合到国家、企业、产业和用户的方方面面,数字经济必须加快融入实体经济,经济发展才能真正从要素驱动转为创新驱动,从注重规模效益变为注重质量效益,实现经济高质量发展。

2.1.2 数字经济的评价

数字经济的发展过程(数字化技术—数字化产业—数字化经济活动)是动态的,不同发展阶段的评价会存在差异,因此数字经济的评价与不同阶段的特点是紧密联系的。国内外研究表明数字经济的评价是一个逐步深化的过程,数字经济的内涵特点慢慢清晰明朗,也经历了信息经济—互联网经济—数字经济这一演变过程。因此,评价体系的发展过程对于数字经济的研究是必要的。

数字经济的评价最早可追溯至20世纪60年代Machlup的知识产业理论。在信息经济中,信息产业主要依靠的是ICT,Machlup(1962)和Porat(1977)提出用知识经济和信息经济增加值来测算数字经济,认为其包含了信息活动、信息资本、信息劳动者等。随后,经济合作与发展组织连续多年发布数字经济的相关测度报告,如《信息社会测度指南》(OECD,2011)系列出版物。Nath & Liu(2017)从信息通信技术就绪水平、使用情况和使用能力三个维度来评价数字经济发展水平。总而言之,信息经济的评价指标仍以 ICT 为主。

随着互联网慢慢渗透到传统经济中,与传统经济深入融合,互联网的网络效应使数字技术的溢出效应发挥得更为明显,甚至改变了要素的投入结构和资源的配置效率。而传统产业通过数字技术的网络效应,甚至经济合作与发展组织(OECD)运用《互联网经济展望》替代了《信息技术展望》,对互联网的发展趋势,企业、政府和个人的互联网使用情况,数字内容的发展,互联网安全与隐私等问题进行了系统研究。在此背景下,互联网经济得到了广泛的传播。国外学者Freund & Weinhold(2004)等运用互联网网址数评价互联网经济发展水平;Clarke & Wallsten(2006)等用互联网用户数进行评价;Robert et al. (2017)用互联网和计算机使用情况等四项二级指标来测度。在国内,腾讯等用"互联网+"来衡量数字经济指数。相较于信息经济,互联网经济更加体现了信息通信技术与经济的融合发展。

当前,数字经济正处在快速演变、与国民经济运行全面融合的阶段,数字经济渗透到经济运行的多个方面(腾讯研究院,2017)。衍生的新产品、新业态和新商业模式逐渐增多,遍布在零售(电子商务)、交通(自动化车辆)、教育(大规模开放式网络课程)、健康(电子记录及个性化医疗)、社会交往与人际关系(社交网络)等多个领域,评价指标更加多元化。有的文献融合了不同阶段的特征进行评价。吴晓怡、张雅静(2020)从基础设施建设、信息技术应用、人才创新能力这三个维度来测度;刘军、杨渊鋈、张三峰(2020)从互联网发展、数字交易发展和信息化发展三个维度来评价。数字经济发展逐渐趋于成熟,更加明晰了数字经济是以数字化技术为基础、以数字化平台为主要媒介、以数字化赋权基础设施为重要支撑进行的一系列经济活动,评价指标更加全面。范合君、吴婷(2021)从生产数字化、消费数字化和流通数字化三个维度构建指标体系。在此基础上,范鑫(2021)更加具体化,从 ICT 使用水平、基础设施水平、发展环境和经济影响四个维度进行评价。

正是由于数字经济的发展是动态的,所以很难统一其评价指标。从使用单一指标到选取多项指标来看,对数字经济的认识是不断加深的。但是,中国数字经济统计研究起步相对较晚,研究基础相对薄弱。因此,为了保障数字经济测算方法的合理性和结果的可比性,本书结合中国数字经济的发展现状与特征,制定适合中国数字经济发展且满足国际可比性的数字经济评价指标和核算方法。

2.1.3 数字经济的影响作用

数字技术的更新换代不仅颠覆了传统产业,而且加速了产业的转型升级,从供给侧的角度来看也提高了企业的生产效率,为经济高质量发展创造新的增长引擎。数字技术加速了企业快速发展(Autor et al.,2020),重塑了企业的市场份额(Lashkari et al.,2020),驱动了公共服务的创新(周瑜,2020),形成了高质量的结构变化(Volkova,2019)。对于数字技术的作用,学术界还有一些不同的看法。有的学者提出数字技术只是资本扩展型技术(Graetz & Michaels,2018),是劳动扩展型技术(Bessen,2018),是相对的替代,只是根据资源的配置效率来看如何相对替代资本或者劳动(Agrawal et al.,2019;王林辉、袁礼,2018)。随着新旧动能转换,中国"ABCD"(人工智能 AI、区块链 Blockchain、云计算 Cloud、大数据 Data)技术日益多元并趋于完善,数字经济已经开始渗透到教育、医疗、交通等多个行业,并逐步进入快速发展期。数字技术还有利于三次产业内部结构优化(昌忠泽、孟倩,2018),推动经济高质量发展(蔡跃洲、陈楠,2019)。

数字经济颠覆了传统的商业模式,是一种新业态的商业模式(Kim et al.,2014),并创造了大量的新业态和新型商业模式(曹正勇,2018),也丰富了产业的发展模式(杨佩卿,2020)。基于数字经济发展的评价结果,现有文献基于两方面进一步分析了数字经济对社会经济生活的影响。

一是数字经济促进了效率的变革和提高。数字经济不仅提高了资本积累率(Acemoglu & Restrepo,2020),而且提高了资本和劳动的配置效率(Hjort & Pouslen,2019),进而引起的效率变革(柏培文、张云,2021)、质量变革和动力变革作用于社会的整体收入分配。数字经济发展还促进了企业的创立(赵涛、张智、梁上坤,2020);数字经济发展过程中信息技术的使用显著减少了碳排放,助力金砖国家绿色低碳转型(Ulucak & Khan,2020),实现了绿色可持续发展(Vidas-Bubanja,2014)。部分学者还从劳动者权益(柏培文、张云,2021)和就业(何宗樾、宋旭光,2020)的视角探讨了数字经济的效率变革。Bloom et al. (2012)研究认为数字化提高了生产效率和组织效率。

二是数字经济推动了产业结构的转型升级。数字经济快速发展,大大促进了实体经济振兴与产业转型升级,并与实体经济深度融合发展。现有文献大多基于数字经济和产业结构进行深入研究,而对于数字经济和技术创新、外商直接投资的研究相对比较少。部分学者从研发投入强度的视角(姚维瀚、姚战琪,2021)、资源配置的视角(王凯,2021),利用 PVAR(面板向量自回归)模型和脉冲响应模型(李晓钟、吴甲戌,2020)论证了数字经济是推动产业结构升级的新动能(陈晓东、杨晓霞,2021)。部分学者认为数字经济对技术创新和产品创新具有溢出效应(徐辉、邱晨光,2021),技术创新也能推动数字经济健康有序地创新发展(张森、温军、刘红,2020),信息技术产业对产业结构升级也有促进作用(Sungjoo Lee,2009;Heo & Lee,2019)。

三是极少数学者研究了数字经济的空间特征。如李研(2021)利用核密度估计等研究方法,得到我国各省份及八大经济区的数字经济时间、空间演变趋势和地区差异结果。田俊峰、王彬燕和王士君等(2019)利用泰尔指数和地理探测器模型等方法研究了东北地区数字经济的发展及空间分异。刘传明、尹秀和王林杉等(2020)基于 Dagum 基尼系数测度了数字经济发展的动态演进特征。还有少数学者研究了数字经济的空间效应。杨慧梅、江璐(2021)利用空间杜宾模型研究了数字经济对全要素生产率的空间溢出效应。

2.2 经济高质量发展的相关研究

党的十九大以来,学术界陆续有学者对经济高质量发展这一主题进行学术探讨,并有很多相关的学术成果。中国的经济研究已经从以前"量"的发展转变为现在"质"的蜕变。从现有的研究文献来看,国外对经济高质量发展的研究相对还是比较少,但是对于经济增长质量这个主题的文章却很多。经济发展作为全球发展的中心,一直是世界各国关注的重点,更是各国经济学家可持续关注的研究领域。之前关于经济发展或者经济增长侧重"数量"研究,现在学者主要是对经济发展的"质量"进行相关的研究,比如经济高质量发展的评价体系、测度以及路径研究。

2.2.1 经济高质量发展的内涵

学界对经济高质量发展的关注最早可以追溯至18世纪末,英国经济学家亚当·斯密在其著作《国富论》中提出经济发展的关键是提高劳动生产率。在此基础上,学者们从分工、贸易等视角广泛探讨了经济效率的提升路径。直到20世纪80年代,苏联经济学家Kamaee(1983)明确提出"经济增长质量"概念。此后,学界相继发表了一系列的研究与报告,如:Barro(2002)认为经济增长质量包含居民预期寿命、收入分配、选举权利等诸多社会、政治甚至是宗教要素;任保平(2012)提出,经济增长的关键组成部分是经济增长的数量和质量,其中前者表现为经济增长速度和规模的扩张,而后者注重经济发展的过程、结果和未来;Frolov et al.(2015)分析了经济增长质量的评价方法,提出科学地评价经济增长质量应该考虑年均生产率增长率和平均人类发展指数。

党的十九大报告指出,我国经济已由高速增长阶段转向高质量发展阶段。"高质量发展"这一新的概念表述是党中央基于我国当前的经济发展背景和历史现状作出的科学判断。习近平总书记指出:"高质量发展,就是能够很好满足人民日益增长的美好生活需要的发展,是体现新发展理念的发展。"通俗地讲,中国自改革开放以来的经济高速增长,成功解决了"有没有"的问题,现在强调高质量发展,要解决"好不好"的问题,也就是从"有没有"转向"好不好"。由此,学者们根据自己的学术领域和研究视角,从马克思主义政治经济学、供给与需求、新发展理念等角度,对经济高质量发展的内涵特征作出了进一步的阐释,取得了较为丰硕的理论成果,但目前还未形成统一的表述。表2.2归纳总结了学界对经济高质量发展认可度较高的观点。

表 2.2 经济高质量发展的内涵特征

角度	主要观点	学者
马克思政治经济学	基于马克思《资本论》,经济高质量发展在微观层面体现在产品质量;中观层面体现在产业结构和区域发展;宏观层面则体现在国民经济整体效率	任保平(2018)
	根据马克思主义政治经济学,经济高质量发展就是要紧抓"动力、结构和效率"三驾马车,鼓励创新驱动、优化经济结构和提高生产效率	钞小静、薛志欣(2018)
供给与需求	经济意义上的"质量"是产品满足实际需要的使用价值特性,经济高质量发展即能够更好地满足人们追求美好生活的需要的经济发展方式、结构和动力状态	金碚(2018)刘志彪(2018)
	经济高质量发展的核心在于供给体系质量高、效率高和稳定性高	国家发展改革委经济研究所课题组(2019)
	高质量发展能提高商品和服务供给质量、能引导需求结构调整和升级、能提升投入要素生产效率的发展	刘伟(2017)
新发展理念	高质量发展就是体现新发展理念的发展	杨伟民(2018)
	经济高质量发展是包含新发展理念的,增速稳定、结构合理,能够产生社会和生态友好型发展成果的新经济	师博(2018)师博、张冰瑶(2018)

经济高质量发展是结合社会的主要矛盾和新发展理念提出的,是为了满足人民美好生活需要的经济发展模式(张军扩、侯永志、刘培林等,2019)。经济高质量发展的内涵与经济增长存在本质的区别,具体体现在创新、协调、绿色、开放、共享五个维度。经济高质量发展也不是简单的经济总量的增长,而是包括经济、政治、文化、社会、生态"五位一体"的全面提升。经济高质量发展需要重点关注经济发展中的区域不平衡、不充分问题,实现区域经济发展的协调发展和平衡发展,同时实现绿色发展和共享发展。从高速度到高质量发展是由量变到质变的转型过程。高质量发展是质量和数量的统一,从微观视角创新,提供高质量的产品和服务惠及人民生活,也从中观视角协调,调整产业结构实现企业的高效

运行、绿色发展和可持续发展,还从宏观视角开放,保障社会分配的公平、社会福利的共享。

2.2.2 经济高质量发展的评价

基于经济高质量发展的内涵特征,学界开始进行地区经济发展水平的量化工作。为了提高测度结果的准确性,首先需要选取科学合理的评价指标。对此,有学者选择单一指标,如全要素生产率(Solow,1956;Jorgenson & Griliches,1967;荆文君、孙宝文,2019;刘思明、张世瑾、朱惠东,2019;马茹、张静、王宏伟,2019;余泳泽、杨晓章、张少辉,2019;黄庆华、时培豪、胡江峰,2020;上官绪明、葛斌华,2020;汪侠、徐晓红,2020;贾洪文、张伍涛、盘业哲,2021)、劳动生产率(陈诗一、陈登科,2018)、人均国内生产总值(葛和平、吴福象,2018)和碳排放强度(肖周燕,2019)等来表示经济高质量发展。也有学者采用多个指标,如王兵、徐霞和吴福象(2021)从经济增长和居民福利两个方面同时衡量经济高质量发展,但更多的学者是综合性地建立了层次化评价指标体系。

对构建综合评价指标体系的相关研究进行梳理总结发现,多数学者基于创新、协调、绿色、开放、共享的新发展理念建立了五维指标体系(史丹、李鹏,2019;华坚、胡金昕,2019;欧进锋、许抄军、刘雨骐,2020;何冬梅、刘鹏,2020;董小君、石涛,2020;孙培蕾、郭泽华,2021;邓创、曹子雯,2022;潘桔、郑红玲,2021;张明斗、李玥,2021);还有少数学者针对性地从经济发展的结构、效率和效益等方面构建了评价指标体系(师博、任保平,2018;黄文、张羽瑶,2019)。此外,也有研究根据自己对经济高质量发展的理解构建了更为复杂和丰富的评价指标体系,本书认为其本质上还是属于对新发展理念的进一步拆解,并融合了人民对美好生活的各种需求指标。如魏敏、李书昊(2018),张震、刘雪梦(2019)将基础设施的相关指标划分为一类;鲁邦克、邢茂源、杨青龙(2019)将生态文明和民生发展合并为一类;张侠、许启发(2021)以及张扬、解柠羽、韩清艳(2022)则专门增设了一组反映人民美好生活的指标。上述评价指标体系均具有一定的参考价值,为后续高质量发展测度工作奠定了坚实的理论基础。

2.2.3 经济高质量发展的测度与影响

学者们针对经济高质量发展的测度问题,从国家、省份、城市以及经济区等各个层面,运用熵权法、变异系数法、TOPSIS 法、主成分分析法、层次分析法和德尔菲法等统计学和计量经济学方法进行了大量研究,对我国整体性和区域性的经济高质量发展状况有了较为全面和科学的判断。从全国性的研究来看,基本主张我国经济高质量发展水平存在着发展不平衡、不充分的问题,呈现"东高、中平、西低"的分布格局(魏敏、李书昊,2018;鲁邦克、邢茂源、杨青龙,2019;马茹、罗晖、王宏伟等,2019);在时间上多数得出经济发展质量稳步增长的结论(华坚合、胡金昕,2019;董小君、石涛,2020;孙培蕾、郭泽华,2021;邓创、曹子雯,2021;潘桔、郑红玲,2021;张侠、许启发,2021),也有学者进一步发现经济发展质量提升速度具有阶段性特征(杨耀武、张平,2021),波动周期逐渐拉大(师博、任保平,2018)。从区域性的研究来看,一是对长江经济带的高质量发展进行评价,得到了"经济发展质量从上游到下游逐渐增强"的一致性结论(黄文、张羽瑶,2019;黄庆华、时培豪、胡江峰,2020;汪侠、徐晓红,2020;张明斗、李玥,2022);二是对京津冀的经济发展质量展开测度,认为其内部差异较大,且呈现以北京为中心的极化空间格局(张震、覃成林,2021);三是对经济发达的广东地区进行高质量发展分析,发现"沿海经济带较高,山区城市较低"的分布特征(欧进锋、许抄军、刘雨骐,2020)。

基于经济高质量发展的评价结果,学界进一步分析了其具体的影响因素和提升路径。一是创新对经济高质量发展的影响,如:上官绪明、葛斌华(2020),董小君、石涛(2020),孙艺璇、程钰、刘娜等(2021)的研究结论均支持科技创新对经济发展质量的促进作用;刘思明、张世瑾、朱惠东(2019)除科技创新之外,还进一步检验了制度创新驱动力对高质量发展的正向影响;马茹、张静、王宏伟(2019)则认为科技人才助力经济高质量发展的潜能仍有待释放。二是区域协同对经济高质量发展的影响,如黄文、张羽瑶(2019)研究认为长江经济带一体化发展对城市经济高质量发展的影响因地区生产性服务业集聚程度不同而呈现出一种倒"U"形特征;黄庆华、时培豪、胡江峰(2020)也发现了产业集聚对长江经济带各地区经济高质量发展的促进作用。三是城市化(孙培蕾、郭泽华,2021;赵儒煜、常忠利,2020)、人口老龄化(何冬梅、刘鹏,2020)、国家审计(韩峰、胡玉

珠、陈祖华,2020)、人力资本(吕祥伟、辛波,2020)和环境污染(陈诗一、陈登科,
2018)等社会生态因素对经济高质量发展的影响,体现了其在提升经济发展质量
中的重要作用。

2.3 数字经济影响经济高质量发展的相关研究

数字经济是经济高质量发展的创新驱动力,数字经济中的数字技术、元宇宙
经济是经济高质量发展的着力点。数字经济对经济高质量发展的理论逻辑,主
要从微观、中观和宏观三个视角来论证。微观方面主要体现为数字经济通过数
字技术实现规模经济、范围经济和长尾效应,颠覆了传统的经济模式,尤其是盈
利方面;中观视角主要体现为网络平台对市场结构的重塑;宏观视角主要体现为
数据作为一种生产要素,优化了资源的配置方式,促进了经济的高质量发展(荆
文君、孙保文,2019)。现有文献对于数字经济和经济高质量发展的研究,主要从
以下两个角度来论证二者之间的关系:一是数字经济对经济高质量发展的直接
促进作用。二是数字经济对经济高质量发展的间接促进作用,大部分文献以产
业结构为中介变量,极少文献以技术创新为中介变量,而基于外商直接投资视角
来研究经济高质量发展的更少。

(1)数字经济直接推动经济高质量发展

大部分学者基于不同的视角直接对这一观点进行了论证。其中张新红
(2016)基于数字技术赋能数字经济的视角来论证;宁朝山(2020)使用 DEA 模
型进行了论证;史佳颖(2021)以亚太地区为研究视角;范合君、吴婷(2021)基于
DEA-Malmquist 指数法并分解出技术效率变动指数与技术进步变动指数来论
证;宋洋(2019)结合 EPED(External Performance,简称 EP;Edogenous Dynamics,
简称 ED)模型从多个维度和层次上论证。还有一部分学者基于数字经济发展的
丰富内涵和核心特征,从不同的视角分析数字经济对经济高质量发展的直接促
进作用。如荆文君、孙宝文(2019)基于微观机理和宏观逻辑的视角,丁志帆
(2020)从微观、中观和宏观三个层面论证,师博(2020)基于数字产业、数字环
境、数字治理和数字素养四个角度进行论证。刘淑春(2019)基于中国数字经济

发展的不足与乏力,提出应该聚焦数字化靶向,找到突破口,从而实现数字经济高质量发展的制度创新和制度供给。个别学者分析了数字经济对全要素生产率以及劳动配置效率的影响效应(肖国安、张琳,2019;丛岐、俞伯阳,2020)。

(2)数字经济通过中介效应促进经济高质量发展

对于数字经济的中介效应说法不一,学者的研究主要分为两类。一是数字经济通过产业结构优化升级,进而推动经济高质量发展。如梁琦、肖素萍、李梦欣(2021),孙耀武、胡智慧(2021),郭炳南、王宇、张浩(2022)的研究结论均支持产业结构的中介效应。数字产业化可以通过资本深化(Chou et al.,2014),促进经济高质量发展(Borisov & Serban,2013)。基于此,徐晓慧(2022)进一步研究了数字经济的促进作用表现出的规律性与区域异质性。二是数字经济通过技术创新推动经济高质量发展。如宗显、杨千帆(2021)的研究结论支持技术创新的中介效应。

(3)数字经济通过空间视角驱动经济高质量发展

丁玉龙、秦尊文(2021)从信息通信技术的视角研究了产业结构和技术创新的中介效应。裴长洪、倪江飞、李越(2018)进一步论证了数字经济的规模经济效应能降低企业生产成本,范围经济效应能满足消费者的个性化需求,网络效应能促进企业生产经营。基于此,赵涛、张智、梁上坤(2020)以"宽带中国"试点作为准自然实验,采用门槛模型和空间模型进一步研究数字经济对经济高质量发展的效应、机制和地区差异。张腾、蒋伏心、韦朕韬(2021)运用空间滞后模型和空间误差模型分析数字经济对经济增长质量的影响。张焱(2021)基于空间计量模型研究了数字经济对全要素生产率的影响。杨慧梅、江璐(2021)发现数字经济通过人力资本投资和产业结构升级两个渠道提升了全要素生产率,并且存在空间溢出效应,对邻近地区的全要素生产率也有促进作用。徐维祥、周建平、刘程军(2022)运用城市面板数据研究发现数字经济对城市碳排放存在空间溢出效应,并采取空间杜宾模型和空间 DID 模型研究了二者之间的空间关系。刘儒、章艺伟(2022)采用 Bootstrap 有调节的中介效应方法,基于空间门槛模型分析了数字经济和共同富裕的关系。

2.4 理论基础

2.4.1 融合效应理论

(1)数字经济与实体经济融合

数字经济与实体经济的深入融合推动了数字技术和传统经济的深度融合。数字技术具有高技术性、高渗透性、高融合性和高增长性(蓝庆新,2020)等独有的特点,数字经济具有平台经济与超速成长、"蒲公英效应"等新特征(李晓华,2019),数字技术是数字经济的主要起源(Bulkht R. & R. Heeks,2017),推动了ICT相关产业的交互融合和跨产业融合,并且渗透到生产、流通和消费等各个环节,形成了产业的数字化。一部分学者将数字经济的迅速发展归结于数字基础设施的融合作用,数字基础设施具体包括信息通信技术、人工智能等数字技术的融合,数字技术融入传统经济的发展,带来了经济社会的重大变革(Neal Lane,1999);数字技术可以融合传统经济和传统产业,催生新经济、新产业和新模式,实现产业数字化转型(Goldfarb et al.,2019)。从宏观视角来看,二者的融合加速了数字的产业化和产业的数字化,大大提高了企业经济的运营效率,产业结构也更为高级化和合理化,资源的配置更为合理、利用更为充分。新一代数字技术和传统行业快速融合,并与第一、二、三产业深度融合。从中观视角来看,数字经济和实体经济深入融合使产业链数字化进程不断加快。通过数字技术的创新改进,传统经济的上游生产,中游流通、销售以及下游消费等各个环节都不同程度地实现了数字化,产业结构也得到了优化。从微观进程不断加快视角来看,数字经济和实体经济深入融合使个体生活更为便利。比如对于教师和学生而言,在线教育得以蓬勃发展;对于医生和患者而言,远程医疗得以发展;对于不同地区的企业家和工作人员而言,视频会议也得以迅速开启;对于生产者(销售者)和消费者而言,网络购物得心应手;等等。

数字经济的融合效应逐渐从需求端转向供给端(丁志帆,2020),融合作用已经渗透到生产和生活的各个领域。数字经济本身也具有创新的特点,随着其不断更新换代,融入传统经济的不同产业进行数字化改造,使传统产业数字化。

比如智能家居、智能汽车、数字金融、数字农业等。裴长洪等（2018）认为，数字经济和传统经济的融合，也是对传统行业、传统业态、传统商业模式的一种颠覆性创新。李柏洲、张美丽（2021）提出数字经济和实体经济融合也存在不充分、不平衡的现象，因为数字技术还不成熟、不完善，所以滞后于产业发展。郭晗（2020）认为伴随着融合发展的进一步深入，必须对数字基础设施进一步完善，同时数字化治理也需要配套的制度措施，才能促进融合经济的高质量发展。

（2）信息化和工业化融合

信息化和工业化融合即"两化"融合，核心就是信息化作为保障，加大力度发展工业化。《"十四五"信息化和工业化深度融合发展规划》围绕融合发展作出了具体的规划。信息化和工业化的融合就是要走以信息化带动工业化、以工业化促进信息化的可持续绿色发展道路。我国具备良好的数字基础设施，尽管如此，数字经济和传统经济的深入融合还需要国家加大力度，做好顶层设计。因为数字基础设施涵盖了数字经济和传统产业融合的核心技术。比如，5G 网络的推广应用使得农业和数字技术融合为"数字农业"、金融产业与互联网融合为"互联网金融"，汽车产业与智能制造融合为"智能汽车"等，改变传统商业模式、商业业态为新模式、新业态。Lee et al.（2013）认为数字技术与健康服务业的深入融合促进了健康行业的发展。

数据作为关键的生产要素，也为数字经济和实体经济的融合提供了良好的保障。数据的广泛应用为推动互联网与制造业（生产企业或销售企业）和物流业（京东快递等）的深入融合作出了巨大的贡献。数据获取的便捷性也推动了数字金融业的发展，我们现在出门只要有手机，基本不需要带现金，因为腾讯的微信和阿里巴巴的支付宝具有强大的支付功能，也能够和银行卡直接绑定。日常生活中的交易也基本不需要带上银行卡，因为各大银行有手机端 APP，在智能手机上可以完成很多操作，实现各种功能。数字基础设施还具有规模经济效应，随着新一代数字技术的快速更新换代，比如 5G 的普遍应用、光纤宽带的普及、人工智能的广泛应用，数字技术在商业方面的应用会越来越多，给人民的生活带来了很多便利，对于企业的商业价值也越来越高。融合经济的发展需要高效率、低成本的信息流通途径,而通过完善数据平台可以提供信息流通的载体。

2.4.2 溢出效应理论

溢出效应(Spillover Effect),可以分为知识溢出、信息溢出、技术溢出和经济效益溢出等。溢出效应带动了人力资本的提升和集聚,主要流向生产率高的产业和行业,能够加快产业结构转型升级,实现经济高质量发展。第一,关于知识溢出(Knowledge Spillover)。新经济地理学认为,知识溢出是影响创新空间分布的关键因素(赵星、王林辉,2020)。学者 Arrow 和 Romer 提出知识溢出的内生增长模型,Escribano A. et al.(2009)也认为知识溢出是内生的。也有的学者对其进行了实证分析,如陶长琪(2018)将知识溢出进行剖析,分为知识资源存量和知识创造与转化。当前,高校通过钉钉、腾讯课堂等方式体验新模式的经济形态,实现远程培训、在线教育等,接受来自不同区域、不同行业和不同企业(高等院校)的知识溢出效应(Chen et al.,2010)。第二,关于信息溢出(Information Spillover)。数字经济背景下,信息流动速度也加快,产生信息溢出效应。要素市场中信息不对称的问题得以解决。互联网技术带来了数据、信息的存储、复制、传播和处理的先天优势,并且不受时间和空间的影响(罗珉、李亮宇,2015),只要有网络和智能终端就可以完成。第三,关于技术溢出(Technology Spillover)。技术溢出是技术知识的创新,是通过向外界(本国企业或跨国企业)传输或者转让的行为所带来的正外部性效应。一方面,数字经济依托新一代的信息技术支持,通过新兴的商业模式、商业业态对传统经济产生技术溢出,有利于产业结构转型升级(罗珉、李亮宇,2015)。因为与传统经济相比较,数字经济具有技术创新的优势,通过第三方技术平台,如淘宝、滴滴等,以较低的甚至零复制传输成本、零交易成本满足消费者的多样化和个性化需求。尤其是在数字经济发展的初级阶段,数字经济的技术溢出效应更为明显。技术溢出效应不仅体现在传统行业内部,而且已经外溢到行业的不同侧,即上游企业的技术溢出可能会影响中游企业甚至下游企业(Suzumura,1992)。另一方面,数字经济的技术溢出也给传统经济带来了巨大的压力。比如机器人的出现,也是技术溢出的一种表现。不可否认的是,智能机器人的出现导致市场对劳动力需求减少,甚至出现失业现象。但是我们更应该从长远发展的视角来看待这一现象背后的本质,这将倒逼人们要提升技能、终身学习。技术溢出更多地体现为正外部性,数字经济为传统经济的数字化转型提供了经验支持,也促使传统产业发生变革,有的传统企业顺利转型,有的传统企业被市场所淘汰。知识溢出、信息溢出和技术溢出效应,推动数据等要素的自由流动,加速数字经济要素市场化的形成,使不同区域的政府部门、行业和企业部门的数据流动加大,推动区域经济的协调发展,促进经济高质量发展。第四,关于经济效益溢出(Economic Benefits Spillover)。数字经济这一网络化的溢出效应,大大提高了要素和资源的流动性。这为政府部门、工业企业和互联网企业之间的要素流动、知识流动、技术流动的优质化和高效化带来了巨大的便利。同时也推动了中小企业的转型升级,促进产业的数字化和数字的产业化。

数据已经成为重要的生产要素之一。物联网、云计算和人工智能等数字技术大大提高了企业生产效率和人民生活的智能化、虚拟化和远程化程度,便利了人们的工作和生活,提高了生产效率和幸福指数。数字经济的不断发展,以及政府政策工具和市场工具的共同作用,政府部门、工业企业和互联网企业之间的数据端口的打通,打破了企业之间的"数据壁垒",缩小了不同行业、不同企业和不同区域之间的"数字鸿沟",充分释放了"数据红利",并通过溢出效应激励大型企业和中小型企业共享数据等资源,实现经济高质量发展。同时,通过溢出效应,也能让发达地区发展数字经济的先进技术和经验向其他欠发达地区扩散,实现地区数据资源的共享。数字经济直接促进了当地的经济高质量发展,也拉动了周边地区的经济高质量发展,具有空间溢出效应(鲁玉秀、方行明等,2021)。数字经济的信息溢出、技术溢出和知识溢出效应,不仅使数据要素的采集、存储、复制、交易等成本降低甚至零成本,而且促进了数字技术人才的高效流动。数字经济进一步深入融合实体经济共同发展,带来了制度的创新,促进了不同行业、产业、企业和区域的协调发展。

2.4.3 核心边缘理论

美国经济学家 John Friedmann 最早于 1996 年提出核心边缘理论,并在《区域发展政策》中解释了不同地区的经济具有密切的联系和空间相关性。由于不同地区的要素禀赋和制度政策存在区别,经济发展水平也不一样,比如北京是中国的政治、文化中心,上海是中国的经济中心,而西藏、新疆等地区相对比较落后。中国要实现区域协同、均衡发展,就必须发挥核心城市的示范效应、辐射作用和溢出效应。由于经济发达的地区集聚了更多的人才和资本等要素,该地区更容易发展成为交通便利的“核心区”;相反,在经济相对落后的地区,由于交通不便利等因素成为“边缘区”(于涛方、甄峰、吴泓,2007)。边缘区经济相对落后,但是受核心区的影响,经济也呈增长的态势。当边缘区慢慢发展,同样能够吸引人才的集聚、资本的流动。边缘区是相对而言的,并不是一个绝对的概念。在经济发展的过程中,核心区居于主导地位,边缘区虽然在核心区的外围,但是与核心区之间有不同程度的经济联系,二者在经济发展过程中呈现不对等的发展格局。核心边缘理论将核心区和边缘区之间的关系阐释得非常清晰,原本并没有关系的两个地区,通过扩散和示范效应逐步发展成为彼此联系的区域;原本发展不均衡的两个地区,通过辐射和溢出效应逐步发展成为协调、均衡发展的区域。在新发展理念下,我国强调区域的特色发展,同时也强调区域的协调发展和均衡发展。

随着新型工业化进程的推进,核心区经济不断集聚和增长,核心区的业务也慢慢向周边蔓延,逐步扩散到边缘区,使其逐渐成长为次级核心区或者成长中的核心区。与此同时,核心区域依然在向边缘区辐射。资源和要素在区域范围内不断流动,不同区域的经济一直在动态发展,而并非停滞不前,区域经济通过空间整合并最终达到均衡状态。核心区有独特的资源禀赋等天然优势,对创新也有着强烈的需求,故增强了经济发展的活力和潜力(汪宇明,2002)。核心区通过传播有关创新成果并向边缘区进行扩散和辐射,正面影响边缘区,强化区域的空间数字经济联系。当边缘区发展到了一定阶段,区域的空间结构也会不断调整,也会出现新的核心区。随着经济发展的全球化,经济发展的空间特征也日益明显。政府在强调区域特色的同时也强调区域间的协调发展。随着数字经济的发展,互联网等数字技术的广泛应用使核心区和边缘区的空间联系更为密切,不仅突破了地理位置的限制,也促进了区域空间的均衡发展。

2.5 本章小结

本章首先对数字经济和经济高质量发展的概念进行界定,然后按照数字经济文献综述—经济高质量发展文献综述—数字经济影响经济高质量发展的文献综述这一脉络对国内外相关文献进行梳理。

回顾关于数字经济的现有文献,本书主要聚焦于内涵和特征、评价体系、影响因素和作用等方面进行总结归纳。

数字经济是一种新业态、新商业模式,以数据为主要生产要素,涉及跨行业和跨区域等多领域,故必须全面探索数字经济的统计测度路径。

现有文献对于数字经济的研究视角比较多,有的文献只是侧重其中一个角度来进行讨论,研究视角相对单一、结论不够全面。

关于数字经济的测度,学界现有的研究比较丰富,但也存在需要完善的方面。如目前数字经济的统计分类还不是很清晰,测度方法也可以更加多样化,统计口径也有待进一步统一。

学术界关于数字经济的理论还不成熟、不完善。学界对数字经济的研究主要还是以积极的观点为主,也有的学者发现数字经济还有很大的提升空间,需要不断开拓。比如我国数字经济的基础设施还需要大力建设并普及,数字经济融入产业的过程中缺乏统一的标准平台,数据之间还需要进一步打通连接,还需要大力培养数字经济相关领域的高精尖人才等。

经济高质量发展的相关文献主要从经济高质量发展的概念特征、测度及评价指标、影响因素等几个方面开展综述。现有文献主要探讨了以下几个问题:一是对经济高质量发展的内涵、特征和意义进行阐释,其内涵目前还没有统一界定。二是对经济高质量发展的水平进行测度研究。主要是结合文章的主题选择相应区域和相应年份的面板数据构建相应的评价指标体系,其中大部分的学者将主题聚焦于新发展理念。三是对经济高质量发展的逻辑机理、制约因素、动力源泉、转型路径等进行学术探讨和归纳,但总体时空分析相对较少。

数字经济影响经济高质量发展的文献大多从不同的视角、不同的维度阐述了数字经济对经济高质量发展的作用机理和作用路径,而定量研究的文献相对比较少,从空间视角的研究更少。对数字经济推动经济发展质量的定性研究聚焦于两个角度:一是数字经济直接推动经济高质量发展;二是数字经济通过中介效应促进经济高质量发展,中介因素主要有产业结构和技术创新,对以外商直接投资作为中介因素的研究极少,本书拟对外商直接投资对经济高质量发展的影响进行分析。

本章阐释了研究的相关理论基础,分别为融合效应理论、溢出效应理论和核心边缘理论。其中融合效应理论主要是阐述数字经济与实体经济的融合、信息化和工业化的融合;溢出效应理论主要论证了数字经济的外溢作用促进了区域经济高质量发展;核心边缘理论解释了区域经济的空间相互作用,数字经济发展较好的"核心区"对"边缘区"的辐射作用、示范效应和溢出效应。

第 3 章

数字经济对区域经济高质量发展影响的机制研究

在梳理现有文献的基础上,新古典增长模型和内生增长模型都无法完全解释数字经济背景下中国经济高质量转型,因此,本章将这两个模型结合在一起,构建数字经济背景下经济转型的 Sol-End 增长模型,得出经济转型过程中数字经济行业兴起带来产业结构变动和市场结构变化这一结论。以信息通信技术为基础的数字经济,在与传统产业融合发展的过程中,可以重塑产业的空间分布和空间联系。在此基础上,本章论证了数字经济对区域经济高质量发展的直接影响、间接影响和空间影响三个层面的作用机理。

3.1 数字经济背景下经济转型的 Sol-End 增长模型构建

3.1.1 模型构建的背景

改革开放以来,中国经过经济飞速发展阶段,目前 GDP 增速已经放缓。结合历年《中国统计年鉴》的数据我们可以得出,2011 年至今,中国 GDP 增速都小于 10%,2020 年由于国内外疫情的影响,这一数据甚至下降到了 2.3%。

表 3.1　2010—2021 年中国经济增长与创新投入

年份	GDP(亿元)	GDP 增速	R&D(亿元)	R&D 占 GDP 比重	资本形成率
2010	413030.3	10.4%	7062.6	1.71%	46.97%
2011	489300.6	9.3%	8687.0	1.78%	47.03%

续表

年份	GDP(亿元)	GDP增速	R&D(亿元)	R&D占GDP比重	资本形成率
2012	540367.4	7.7%	10298.4	1.91%	46.19%
2013	595244.4	7.7%	11846.6	1.99%	46.14%
2014	643974.0	7.4%	13015.6	2.02%	45.61%
2015	689052.1	6.9%	14169.9	2.06%	43.03%
2016	743585.5	6.7%	15676.7	2.11%	42.66%
2017	827121.7	6.9%	17606.1	2.13%	43.17%
2018	919281.1	8.7%	19677.9	2.14%	43.96%
2019	986515.2	6.1%	22143.6	2.24%	43.07%
2020	1015986.2	2.3%	24393.1	2.40%	43.12%
2021	1143670.0	8.1%	27864.0	2.44%	—

当前中国正处于由经济增速放缓到经济高质量发展的转型时期,中国经济发展主要有两个方面的表现:一是创新规模空前,数字经济发展迅速;二是资本形成率降低,要素流向新兴行业。

表3.1给出了2010—2021年中国经济增长与全社会研发投入情况,具体来看,全社会研发投入R&D占GDP的比重持续增加,2010年、2015年、2018年和2021年的R&D占比分别为1.71%、2.06%、2.14%和2.44%,而资本形成率却整体下降,2010年、2015年、2018年和2020年的资本形成率分别为46.97%、43.03%、43.96%、43.12%,近几年中国的资本形成率稳定在低位态势。与资本形成率下降形成对比的是中国数字经济增长迅速,从图3.1来看,2015—2020年中国数字经济规模增速分别为15.8%、18.9%、20.3%、20.9%、15.6%、9.7%,数字经济产值占GDP比重分别为27%、30.3%、32.7%、34%、36.3%、38.6%,到2020年中国数字经济规模已经将近占中国经济规模的40%,数字经济渗透在三大产业,直接促进了经济高质量发展。

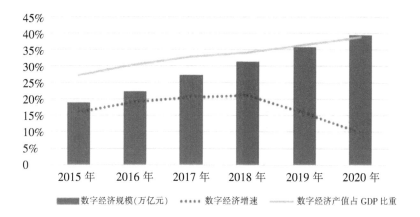

图 3.1　2015—2020 年中国数字经济发展状况

　　数字经济在中国经济转型的关键时期发展更为迅速,是我国经济增长的主要推动力之一,其中腾讯和阿里巴巴两家互联网企业营业利润占总行业的 50%以上,数字产业以其独特的聚集性与高效性在某些领域形成垄断局势,熊彼特认为"创新来自垄断行业而不是完全竞争行业"。但是 Aghion(2014)持反对意见,他认为"基于熊彼特创新理论的内生增长模型实际上只是一个 AK 模型,不具备转移动态,也不存在经济转型"。内生增长模型无法解释当前中国经济转型,然而单纯使用新古典增长模型也不足以解释中国经济高质量转型,因为新古典增长模型的核心是资本和技术,但是中国的数字经济发展之初,资源匮乏,创新投入很难在短期内收到回报,反而是利润率增高推动了要素向新兴行业的流动,以此倒逼数字行业进行技术创新以期获得更高的收益。数字经济行业规模的飞速扩大让通过创新垄断微小细分市场变得有利可图,经济转型时期技术成为内生性因素,这样一来就较为符合内生增长模型。

　　新古典增长模型和内生增长模型都无法完全解释数字经济背景下中国经济高质量转型,因此本章尝试将这两个模型结合在一起,构建数字经济背景下经济转型的 Sol-End 增长模型,分析数字经济对区域经济高质量发展的可能路径。

　　3.1.2 Sol-End 增长模型构建与一般均衡

　　Sol-End 增长模型是在新古典增长模型的基础上构建的,假设一种经济只使用两种投入要素(资本 K 和劳动 L)来生产一种同质的产品,给定劳动率的增长,劳动力和资本之间可以互相代替,同时假设完全竞争市场就业充分,新古典增长模型的重要组成部分是资本和技术变革,在第一期模型中暂时不考虑技术变革,也就是 $A=1$ 是个常数,生产函数是一阶齐次方程,遵循规模报酬不变的原则,同比例增加所有投入要素,产出的增长比例与投入要素增长比例相同。那么人均生产函数就是:

$$y = \frac{Y}{N} = F\left(\frac{K}{N}, 1\right) = f(k) \tag{3.1}$$

式(3.1)中 y 表示人均产出,k 表示生产过程中的人均资本,N 代表时间,进一步假定 $f'(k) > 0$,$f''(k) < 0$,也就是随着人均资本的增加,人均产出同样增加,但是人均产出增长的比例随着人均资本的增加而递减。根据人均消费 $c = (1-s)y$,其中 s 是人均储蓄率,假定储蓄率是外生的,当一个国家储蓄率较高的时候,通过密集使用资本可以让人均资本和人均产出一起增加,在这里还需要考虑折旧,经过一个生产周期,设备等会发生磨损,经济学中用折旧率 δ 表示资本价值每年减少的比例,当人均资本 k^* 达到均衡时,劳动力的自然增长 g_N 成为经济投资和产出增长的唯一原因,这种人均资本和产出处于不变状态可以写成:

$$sf(k^*) = (\delta + g_N) k^* \tag{3.2}$$

随着储蓄的增加,人均资本也在增加,此时资本的边际报酬递减,只有当前消费的减少能带来将来产出的减少,为了得到黄金增长,需要使用约束条件来达到最优规模,具体如下:

$$\max[f(k) - sf(k)]$$
$$\text{s.t.} \quad sf(k) = (\delta + g_N) k \tag{3.3}$$

接下来在新古典增长模型中加入数字经济产品 Z 以及数字经济产品的技术水平 A_m,这一时期的技术水平 A 就不再是一成不变的了,Sol-End 增长模型中数字经济产品代表的就是当前数字经济行业生产的产品。为了简化模型,这里假设只有数字经济行业进行技术进步,传统行业的技术不变。如果数字经济产品技术含量小于传统经济产品技术含量,此时的市场是完全竞争市场;如果上一期数字经济产品研发成功,数字经济产品技术含量高于传统产品,结合现实假定数字经济产品形成垄断格局。此时最终产品是同质的,那么生产函数就变成:

$$Y = L^{\alpha} K^{\beta} \int_0^N [A_t(n) Z_t(n)]^{1-\alpha-\beta} d(n) \qquad (3.4)$$

假定资本 K 在一期内完全折旧,也就是折旧率 $\delta = 1$,$Z_t(n)$ 指的是数字经济产品 Z 在时期 n 的生产数量,$A_t(n)$ 是数字经济行业的技术水平。另外,假设数字经济产品投入 1 单位生产要素可以生产 1 单位产品。在数字经济起步时期依靠的是要素流入,当时技术创新带来的收益周期长,一旦数字经济行业技术含量高于传统行业,形成垄断后利润率畸高,反而会推动技术进步。此时的模型更加契合内生增长模型,数字经济行业技术进步函数如下:

$$A_{t+1}(n) = (1+\varphi) A_t(n) \qquad (3.5)$$

数字经济行业作为新兴行业,在经过初期发展后依旧需要投入大量技术研发费用,如此才能在下一期生产中获得高额垄断利润。根据式(3.5)中给出的数字经济行业的生产函数,可以得到其反需求函数如下:

$$P_t(n) = (1-\alpha-\beta) L_t^{\alpha} K_t^{\beta} [A_t(n)][Z_t(n)] \qquad (3.6)$$

由此又可以得到下一期数字经济行业的垄断利润:

$$\pi_{t+1}(n) = (1-\alpha-\beta)' [L_{t+1}^{\alpha} K_{t+1}^{\beta} A_{t+1}(n) Z_{t+1}(n)] \qquad (3.7)$$

一旦数字经济行业获得高额垄断利润,居民会继续投入数字经济行业,用来提高技术水平,从而获得更高利润。如果行业的创新回报率一直高于资本投资率,那么数字经济行业将持续出现垄断局面,当数字经济行业的创新回报率低于资本投资率时,将继续维持数字行业与传统行业的完全竞争格局。这一时期数字经济企业效益函数如下:

$$U(n) = \frac{\pi_{t+1}(n)}{r_{t+1}} - \delta(n) = \frac{(1-\alpha-\beta)'[L_{t+1}^{\alpha} K_{t+1}^{\beta} A_{t+1}(n) Z_{t+1}(n)]}{r_{t+1}} - \delta(n) \quad (3.8)$$

式(3.8)中 r_{t+1} 为资本投资回报率,$\delta(n)$ 为 t 年的折旧率,为了探讨形成垄断的数字经济行业技术进步的临界值,需要加入居民投资意愿作为约束条件:

$$\text{s.t.} \quad c_t \leqslant \psi_t + \int_0^N \left[\frac{\pi_{t+1}(n)/\delta_{t+1}(n)}{r_{t+1}} - 1 \right] \vartheta_t(n) d(n) \qquad (3.9)$$

式(3.9)中,ϑ_t 为居民在数字经济行业的创新投入,c_t 为居民的当期消费,ψ_t 为投资者的当期工资,当然只有确定数字经济期望产出大于创新投入时,居民才会愿意对其投资。当投资回报率高于利息率时,居民获得最大效用。

市场达到一般均衡后,市场的传统行业产品、数字经济行业产品、劳动、资本出清,此时居民的利润率和数字经济行业的利润是定值,并且投资率还决定了居民的储蓄率和数字经济行业的创新回报率。如此一来数字经济行业也成为"传统行业",等待下一个新兴行业打破这一均衡,突破当前生产效率,推动技术水平上升重新达到均衡。

当经济转型开始后,资本积累降低的同时产业结构指数也在上升;当数字经济成为新兴行业后,就需要投入更多的资金用于技术创新;当居民储蓄被投入数字经济企业创新时,资本积累率自然会降低,而技术进步提高数字经济企业利润率必然会带来产业结构指数上升。

在经济转型的过程中,数字经济行业的兴起带来产业结构变动和市场结构变化,具体表现:一是数字经济行业总产值大幅度上升。2005 年中国数字经济行业规模只有 2.6 万亿元,到 2020 年这一数据上涨到 39.2 万亿元,年均增速达到 93.8%。数字经济行业的兴起推动了产业结构的转型升级,促进经济高质量转型。二是市场结构趋于集中。这源于数字经济行业庞大的固定成本与极低的边际生产成本,再加上数字经济企业技术远远领先于传统行业,造成的垄断经营导致市场集中度增加。由此可见,在数字经济推动经济转型的过程中,产业结构和技术创新在其中起着不可忽视的作用,接下来笔者将详细讨论数字经济是如何通过产业结构的变动和技术的创新来推动经济高质量发展。

3.2 数字经济对区域经济高质量发展的直接影响研究

数字经济是以产业互联网为平台载体,以数据为关键生产要素,以信息通信技术为核心引擎的新型商业业态。作为一个新兴领域,数字经济发展初期主要靠资本推动,获得高额利润率形成垄断格局后吸引更多的居民投资进行技术创新,进一步推动中国经济转型。前文在新古典增长模型与内生增长模型的基础上构建了 Sol-End 增长模型,从经济模型的角度论证了数字经济发展对于区域经济高质量发展的推动力。这种推动力主要有三个传导路径:一是数字经济对区域经济高质量发展的直接影响;二是数字经济对区域经济高质量发展的间接影响;三是数字经济对区域经济高质量发展的空间影响。

由图3.2可知数字经济对区域经济高质量发展的直接传导路径主要有两个方面:一是从微观经济层面来说,可以为生产者创造效益,为消费者降低生活成本;二是从宏观经济层面来说,数字经济的强渗透性推动了传统行业与新兴行业融合。

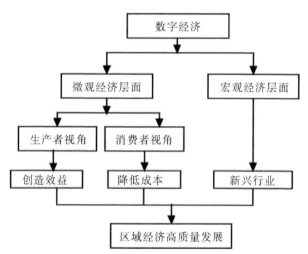

图3.2 数字经济对区域经济高质量发展的直接传导路径图

3.2.1 微观经济层面

(1)生产者视角:创造效益

对于生产者来说,数字经济发展更像是对自身生产模式的一场"摸底考试",被刷下来的企业消失在历史长河中,而留下的企业借助数字经济的驱动扩大规模、降低成本,获得比传统经济时代更高的利润。

数字经济的发展改变了生产者传统的生产、运营、管理和盈利模式。从成本角度来说,信息化产业降低了整个社会的信息搜集成本与交易执行成本,发达的网络让即时通信几乎没有任何成本,网络平台、数字技术、数字资源等因素大大提高了企业的数字化、智能化水平,形成了线上线下双重管理模式。生产企业通过再次培训劳动力,实现人力资本的转型,并借鉴互联网行业的管理模式,突破现有的上游、中游、下游的价值链管理到平台化管理,以此降低企业的管理成本。

从企业经营来说,数字平台的兴起不仅减少了生产与销售之间的中间环节,还能实现消费者与生产者一对一信息反馈,极大地提高了企业生产效率。数字经济的有效应用推动了数字物流等的快速发展,如无人机的配送等,有效降低了生产和服务的各种成本,提高了经济的运行效率,促进了经济高质量发展(陈昭、陈钊泳、谭伟杰,2022)。

数字经济的发展改变着企业的商业模式。数字技术由于自身的高渗透性和强扩散性等特点,应用范围更广,在设计、生产、流通、消费等各个环节都能应用,改变了传统的要素投入产出结构。在经济转型期间,除了数字经济行业之外其他行业也出现一定程度的集中效应,这是因为数字经济的运行降低了企业生产的边际成本,中间环节减少又增加了企业利润。企业通过再生产有更多的利润投入,使生产规模进一步扩大,边际成本持续降低,形成规模经济并带来了市场份额的集中。

数字经济倒逼生产者进行技术创新。数字经济推动了资本、劳动、数据等生产要素的自由流动,主要聚集到高效率产业和高附加值产业,纠正了经济结构失衡。越来越透明的市场与廉价可得的信息淘汰了主要以信息不对称形式盈利的企业,而其他企业也不得不持续改进企业的盈利模式,提高技术创新水平,降低生产成本才能在信息透明的市场中生存并获得高额利润。以数字技术为代表的数字经济激励企业使用更为数字化和智能化的机械设备,提高生产效率,进而带来更高的经济利润(荆文君、孙宝文,2019)。在高额利润的推动下,企业会主动借助数字技术向数字化、智能化方向转型升级,并根据消费者的需求精准匹配到生产和经营过程中,将劳动密集型产品生产转向资源密集型产品生产,为企业创造更高的效益。

(2)消费者视角:降低成本

数字经济颠覆了传统经济模式,也融入了消费者生产和生活的方方面面。随着国家大数据战略实施以及工业互联网等新技术的发展,通信、消费、教育、娱乐等几乎每一个涉及个人生活的领域都与数字技术息息相关。"万物互联"是数字经济描绘出来的宏伟蓝图,它需要科技、经济、社会等各个领域之间的协调发展。当前消费者对数字经济的影响的直观感受就是生活成本降低,主要体现在以下两个方面:一方面,消费者和生产者之间减少了中间环节的同时也降低了消费者的购买成本,社会总福利水平显著提高。淘宝、天猫、京东等电商平台的兴起让消费者不出门就能买到任何想要的产品,在这种类似完全竞争的环境中,生产者也很难依靠信息不对称获得高额利润,社交平台在一定意义上也成为购物平台的辅助工具,"网红商品"完全颠覆了传统经济中对产品的宣传方式,也能更真实地反映消费者的购买体验。另一方面,在日益繁荣的数字经济背景下,消费者可以通过网络平台跨区域、跨国界购买产品,还可以在线体验虚拟产品,尤其是线上教育模式大大降低了社会教育成本。

商品的搜寻成本降低。以互联网平台为载体,给消费者带来了非常大的便利,也激发了消费市场的活力,开拓了消费者的选择空间,更为精准地匹配了消费者的需求。市场调研完善的企业甚至可以"告诉"消费者其需求是什么,在产品设计上提前预设消费者使用感受,而不是等消费者在缺少时主动寻求。互联网平台的出现也会为生产者提供消费者的偏好需求,"数据"会告诉生产者你想要买什么东西。此外,信息化时代的企业更倾向于以创新思维方式满足消费群体多样化、个性化的需求,差异化商品在满足小众需求的同时也提高了大众的福利水平。21世纪是一个开放、包容、共享的时代,物资的极大丰富为现代社会的人类提供一个存放、展示自己独特喜好的平台,"古风""二次元""摄影""cosplay""同人""游戏"等每一个小众圈子在获得尊重与包容的同时也能以合适的价格买到自己需要的小众物品。

经济转型的核心是以人为本,比起单纯的经济增长,区域经济高质量发展更注重每一个人的福利得失,数字经济的发展带来的是在不损害其他人福利的基础上使每一个人的福利增加,以此带动社会总福利增长。随着数字经济的发展,各部门之间联动的边际成本持续降低,参与者从中获取的收益呈几何式增加。并且,这种效果会随着数字经济发展水平的提高而越来越明显,梅特卡夫法则(Metcalfe's Law)和网络效应均在数字经济高速发展的背景下提出。

3.2.2 宏观经济层面

数字经济不仅是一个新兴行业,而且是一个领域的革新,由于其独特的强渗

透性,三大产业都与之息息相关。由图 3.3 可知,数字经济对第三产业的渗透率
最强,其次是第二产业,最后是第一产业,并且数字经济的渗透率表现出明显的
上涨趋势,到 2020 年数字经济在第三产业的渗透率已经高达 40.7%。依附于数
字技术发展起来的新兴产业有力地冲击着传统经济,在改变落后产能的同时,这
些新兴行业与传统行业融合,从而推动经济高质量发展。

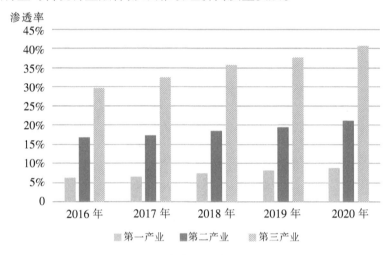

图 3.3 2016—2020 年数字经济在三大产业的渗透率

注:数据来源于历年《中国统计年鉴》。

(1)落后产能的消亡

在经济转型的关键时期,数据作为关键生产要素参与社会分工,在这一过程
中,数字技术加速了落后产能的消亡。中国工业化进程起步晚,在经济快速发展的
过程中,许多本应该淘汰的产能已经无法满足当前生产需要,比如作坊式的生产
加工企业,其使用的落后生产设备可能已经无法通过技术安全鉴定等,数字技术
的兴起在提高一部分行业生产效率的同时也使一些落后产能提前淘汰。市场的
规制就是优胜劣汰,退出市场从本质上来说并不是坏事。从市场的角度来看有
利于资源的整合,从企业本身来看可以另辟蹊径,追求更好的发展。

(2)新兴行业与传统行业融合

人工智能、大数据等数字技术具有强渗透性、高扩散性等特点,在数字产业

化和产业数字化的过程中,催生了各种各样的新兴产业,比如智慧农业、智能汽车、智能家居、数字支付、网约车等。在数字经济与传统经济的融合过程中,数字经济颠覆了传统产业的商业模式和经济业态,催生出新业态、新模式、新产业,使得传统产业的边界更为模糊,产生了智能化、数字化、平台化等创新模式。新兴行业与传统行业的融合使得生产要素向资本、技术密集型产业和高附加值产业流动,同时也对其他生产要素,如资本、人才和资金产生集聚效应,使社会资源得到充分的利用和合理的配置,推动经济转型,提高经济发展质量。

3.3 数字经济对区域经济高质量发展的间接影响研究

前文讨论了数字经济对区域经济高质量发展的直接影响,其实,数字经济还可以通过产业结构、技术创新和外商直接投资三个中介变量间接影响区域经济高质量发展,具体如图 3.4 所示。

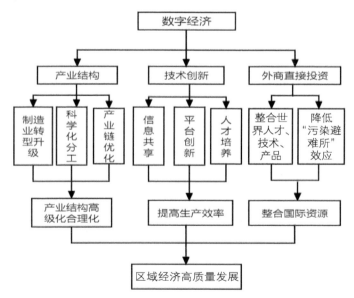

图 3.4 数字经济对区域经济高质量发展的中介效应结构图

3.3.1 产业结构

产业结构优化包括产业结构的合理化和高级化,是指通过对产业进行调整,使产业之间的发展更为协调合理,如第一、二、三产业比例的调整,现在第三产业的比例相对会更高一些,更为重视低耗能高效率产业,高附加值产业,资本、技术密集型产业(丁守海、徐政,2021)。数字经济的发展推动产业结构优化从而带动区域经济高质量发展,其传导路径有三个:一是数字技术在制造业的应用推动其转型升级;二是数字经济促进产业科学化分工;三是数字产业的发展推动产业链优化。具体分析如下。

(1)制造业转型升级

中国制造业在全球价值链分工中的地位不高,数字经济的发展给制造业转型升级点燃了新的爆点。中国的制造行业是典型的劳动密集型行业,长期以来制造业企业依赖低廉的劳动力获得高额利润,然而随着人口红利逐渐消失,中国劳动力价格一路上升,制造业成本居高不下,还有一定程度的产能过剩。数字经济的发展一方面可以推动制造业降低成本,应用数字化管理提高制造业生产效率;另一方面在要素市场化的条件下,数据等生产要素流向高生产率的行业和产业,倒逼资源配置效率低的制造业在结构上作出调整,提高技术创新能力和生产技术水平,以此推动制造业转型升级。具体来说,当前中国数字经济规模空前,已经深入农业"产—供—销"各个环节,"以数字创新为引领的高新技术产业、技术密集型产业推动着制造业向中高端发展,服务业数字化的脚步也在加快"(万永坤、王晨晨,2022)。制造业是中国经济发展的基石,在转型期有着不可取代的重要作用,制造业成功转型升级,中国经济才能实现高质量发展。

(2)科学化分工

2020年,中共中央、国务院发布的《关于新时代加快完善社会主义市场经济体制的意见》指出"强化经济监测预测预警能力,充分利用大数据、人工智能等新技术,建立重大风险识别和预警机制,加强社会预期管理"。数字经济在市场经济体制中的作用可见一斑,这是由于数字经济在三大产业中的渗透作用,故数字经济能够高屋建瓴地整合全社会资源,奠定科学化分工的基础,在大数据领域内利用个人和企业的信息,最大效率地促进产业融合、优化资源配置。这种科学分工主要表现在两个方面,其一,数字经济的强渗透性让数字技术连接所有行业成为可能,最大限度地消除产业间的信息不对称,这样一来就打破了不同产业间和不同区域间的壁垒,让原本孤立的行业更好地与其他行业融合,从而实现要素自由流动,推动产业间的科学分工,彻底打破传统行业合作模式。其二,我国坚持公有制为主体,多种所有制经济共同发展的基本经济制度,市场调节和政府调节的作用一样重要,从社会治理结构来说,政府可以使用数字技术比如大数据、5G 等打破市场信息壁垒,从产业高度调整资源配置,促进产业间科学化分工,提高社会管理能力,推动区域经济高质量发展。

(3)产业链优化

在数字经济背景下建立新的产业链结构,进一步完善创新生态系统。数字技术为产业链优化提供技术支持,通过上游的生产商和供应商、中游的渠道商与下游的产业链整合,推动传统产业优化升级。仅仅依靠数字经济是无法实现产业结构优化升级的,还需要经济发展到一定水平,特别是中国三大区域经济发展不均衡,地区间经济协调度低,数字经济基础设施建设差距大,在数字经济基础设施建设上投入大量资源必然会影响实体业的发展,如此一来数字经济还没发挥出应有的作用,而非数字经济产业也受到了一定消极影响,这就会抑制经济高质量发展。但这种抑制作用只是暂时的,当产业结构升级到一定程度后,数字经济发展水平的提高不仅能直接促进经济发展质量的提高,还能通过整合产业结构间接推动经济发展。数字化技术在多领域、多环节的市场,推进了生产技术创新、推动了产业结构优化升级,当产业结构升级后,又反哺数字经济发展。随着产业结构优化升级,新兴数字产业比如"数字支付""人工智能"与传统产业融合创新,对经济高质量发展产生的推动力是惊人的。当产业数字化和数字产业化成型之后,其影响力不再局限于信息透明的圈子内,而会革新传统产业现有的商业业态,使传统的产业边界不再存在,取而代之的是个性化定制、平台化协同等新模式,其中比较成功的就是电子商务平台。实体业和数字产业融合缔造了庞大的网络销售渠道,方便快捷种类齐全的线上购买方式是 21 世纪不可或缺的商业形式。

3.3.2 技术创新

技术创新是区域经济高质量发展的原动力,先进的技术可以直接影响生产效率,提高资源和人才的利用程度。数字经济的发展为相关的技术创新提供了应用场景和需求,数字技术创新包括两个维度的创新,分别是"软件"创新和"硬件"创新,比如5G基站是"硬件"创新,但是5G技术是"软件"创新。数字经济的发展推动技术进步从而带动区域经济高质量发展,其传导路径有三个:一是数字经济促进信息共享;二是数字技术产生的互联网平台颠覆了传统生产消费模式;三是数字经济大大降低了人才的培养成本,提高了创新效率。

(1)信息共享

信息可以使资源配置更加合理、资源利用更加充分,节约社会成本,创造更多财富。信息共享的基础是标准化和规范化,而数字经济的发展为信息系统的技术发展奠定了基础,主要体现在三个方面:其一,数字经济基础设施建设为信息共享提供了可能。数字经济基础设施建设和信息通信技术的发展,使技术创新的效果更为明显。以信息通信技术、人工智能、物联网、虚拟技术等为代表的新一代数字技术的进步本质上也是技术创新。其二,数字技术通过信息共享提高先进技术应用于实际生产的效率。其三,经济高质量发展的一个层面就是建立服务型政府,信息共享让政府部门对于市民的诉求、生产企业对于消费者的需求都能快速响应,并整合资源进行创新,满足人民日益增长的对美好生活的需要。

(2)平台创新

依托数字技术的互联网平台颠覆了传统的生产—消费模式,主要体现在两个方面。其一,数字平台可以避免无效沟通,降低时间和传输成本,较为典型的是网络平台虚拟产品的销售与购买,比如网络游戏和音乐、网络小说等,物资极度丰厚导致人民对精神娱乐需求的增加,以虚拟产品为主的新兴行业有效缓解了这种矛盾。其二,目前网络销售最火热的形式之一就是直播带货,直播带货是商业模式的创新,顾名思义就是在直播的同时带货,通过电商平台帮助消费者提升消费的体验感。这也是消费者需求升级的表现形式之一,通过观看直播可以更多地了解产品,边看边买,大大减少时间成本。数字平台的商业模式在逐步完善,发挥数据的价值,利用平台经济或者范围经济等的效用,充分提高双边市场

(供给方和需求方)的效率,从而提升产品质量,促进区域经济高质量发展。

(3)人才培养

数字经济的发展与数字技术的运用彻底颠覆了传统模式,大大降低了人才培养成本,提高了创新效率。其一,数字技术的发展能让更多的普通人能接受继续教育,在线课堂、网易公开课等就是最好的例证,取代了"夜大",让愿意学习的年轻人有机会在任何时间继续学习。其二,数字经济降低了专业人才培养成本。数字经济领域呼唤高技能的数字化综合性人才,内培外引相结合,快速提高技能人才的素质和专业水平。数字经济的市场倒逼现有员工在干中学、学中干,极大地提高自身的专业技能。数字经济的需求也倒逼高等院校、科研院所、培训中心等加快对数字技能人才的培养,优化现有人力资本的知识和技能结构,提高劳动生产率,促进经济高质量发展。Brynjolfsson & Hitt(2000)提出,数字经济的发展急需提升人力资本的数字化水平,尤其是数字技术的普遍使用,更提高了劳动者的生产力。近些年,政府部门通过制定相应的政策和相关的制度不断激励企业开展技术创新和商业模式创新,助推数字经济的发展。技术创新和商业模式创新共同构建高附加值和高效率的数字产业化和产业数字化的生态体系,大大提高了经济运行的效率和质量,共同推动经济高质量发展。

3.3.3 外商直接投资

2020 年,党的十九届五中全会提出"要加快构建以国内大循环为主体、国内国际双循环相互促进的新发展格局"。国内国际双循环的建设除了通过国际贸易外,还依赖于引进外商投资。当前大部分地区的外商直接投资以现汇、实物为主,而数字经济的发展成熟打破了技术投入的阻碍,数字技术的运用大大提高了先进技术的引进效率,先进技术的投入极大地改进了产品性能、节约了能源和原材料,从而影响区域经济高质量发展。这种影响体现在两个方面:一是数字经济提高了外商直接投资整合世界人才、技术和产品的效率;二是数字经济降低了外商直接投资的"污染避难所"效应。

(1)整合世界人才、技术和产品

数字技术极大地提高了先进技术的引进效率。其一,数字技术进步为外商直接投资提供了重要机遇。姚战琪(2021)提出数字经济能显著促进外商投资结构不断优化,经济高质量发展主要取决于自身的技术创新,外商直接投资的先进技术溢出对本国技术创新是重要的补充。外商直接投资技术溢出有2种,分别为水平技术溢出和垂直技术溢出。水平技术溢出一般是指在行业内部,而垂直技术溢出是指跨国企业与当地上下游企业相关联产生的效应。数字经济影响的主要是水平技术溢出,欠发达地区针对薄弱环节有目的地引进外商,而数字经济的发展提高了对外开放程度,优化了外商直接投资环境,提高了国内的模仿和改造能力,从而促进区域协调发展,缩小区域发展差距。其二,先进技术的投入极大地改进了产品性能、节约了能源和原材料。数字技术的广泛应用扭转了全球范围生产活动分散的趋势,中间商也慢慢退出历史舞台,跨国企业更集中在目标市场。我国产业数字化转型促使行业规模扩大,更加吸引跨国公司直接投资,以便抢占先机。在数字经济背景下,跨国公司母公司不仅重视先进技术的投入和转移,也重视海外子公司先进技术的学习和转移。海外子公司成为技术创新的新来源,新技术又从海外子公司向母公司或者其他分公司转移回流,各国政府大力引进外商投资,通过学习先进技术来带动当地的经济发展。

(2)降低外商直接投资的"污染避难所"效应

经济转型期间,中国对外商投资的需求也发生了极大变化。以往中国经济发展水平较低,需要外国资本投入拉动地区经济发展,这一时期的外商投资难免带有"污染避难所"效应。2021年,全国实际使用外资金额同比增长14.9%,中国在基础设施、营商环境等方面仍然具有吸引外资的竞争优势。当前中国经济已经发展到较高水平,更加重视绿色经济发展,数字技术的出现降低了外商直接投资的"污染避难所"效应。其一,互联网、大数据等数字技术的发展促进了市场信息的公开化、透明化,提高了供给双方关于市场信息的对称性,改变了以往以"污染避难所"为目的的外商引进,一定程度上提高了外商直接投资进入门槛,促进绿色经济发展。其二,政府部门继续简化外商投资程序,98%以上的外商投资项目取消核准改为网上备案(戚聿东、朱正浩,2020)。这对于外资企业来说大大提高了办事效率,也减少了外资被寻租的概率,促进更多外资企业进入中国,助推区域经济高质量发展。其三,数字化政府的建设大大提高了政府部门对引进外商的审核效率,对高新技术的引进外商给予一定优惠,比如 2018 年中国政府推行的备案与工商登记"一套表格、一口办理"政策。其四,"互联网+"渗透到各行业并与之深度融合,增强了我国吸引技术密集型外资的竞争力,有助于带动高质量外资的进入,这对技术含量高的外资行业的影响更为突出。互联网等数字技术水平的提高,促进了企业、行业和产业向"互联网+""数字+""智能+"转变,外商直接投资也由之前的劳动密集型向技术密集型和知识密集型转变。

3.4 数字经济对区域经济高质量发展的空间影响研究

以大数据为基础的数字经济,创新产生了很多新业态和新模式,重塑了产业的空间分布和区域间的空间联系。本节主要从溢出效应、网络效应和中介效应三个角度分析数字经济对区域经济高质量发展的空间影响。

3.4.1 数字经济对区域经济高质量发展的溢出效应

20 世纪的美国在信息技术领域投入大量资源与技术人才,但是当时计算机高普及率却没有达到提高社会生产率的预期程度,这被诺贝尔经济学奖获得者索洛(Robert Solow)称为"索洛悖论"。这一现象在较长时期内都为学术界所广泛讨论。如今数字经济的发展证明,互联网的发展是数字技术腾飞的基础。基于信息技术发展的数字经济深入融合传统产业的发展,加速了要素的流动和产业结构的转型升级。同时数字经济的强渗透性和协同性,克服了地理距离和空间限制,缩短了信息在不同地区的传输距离,实现跨区域协调发展,加强了不同地区之间的经济联系,提高了不同地区之间的资源配置效率,具有明显的溢出效应。数字技术促进地区间信息流动,降低信息、资源等要素的流通成本,此外,数字技术的特殊性推动了地区间的技术流动与人才互通。核心地区数字经济快速发展并通过这种溢出效应辐射周边地区,以信息技术的发展为扩散基础,带动核心地区周边地区的经济发展,从而从空间联系上推动区域经济高质量发展。

具体来说,内生增长理论是数字经济通过地区间空间联系影响区域经济高质量发展的基础理论。整个社会的知识积累是经济增长的主要驱动力(Romer,1990)。21世纪是信息技术腾飞的世纪,数字技术的发展对全社会知识的积累至关重要,或者说数字经济的本质就是这种积累的体现。一方面,数字技术发展进一步加强了城市与城市之间、地区与地区之间、国家与国家之间的空间联系,并且这种联系在逐渐加强。以往受限于地理空间阻碍,地区间经贸往来的限制较多,经济往来少,区域协调发展难度大。数字经济的发展打破了地区间区位、距离和经贸往来等限制,深刻影响着生产要素的流出区域和流入区域。另一方面,数字经济发展也极大地推动了核心地区的信息技术、信息基础设施发展。信息技术还可以降低信息传递成本(林毅夫、董先安,2003)。数字经济的强扩散性和渗透性,以及数字产业化和产业数字化的溢出红利不仅促进了生产、拉动了消费,也推动了经济高质量发展。核心地区不断突破时空局限,辐射周边地区,给周边地区起到示范作用,带动周边地区进一步发展,也为数字经济发展营造良好环境,通过地区网络路径推动区域经济高质量发展。

3.4.2 数字经济对区域经济高质量发展的网络效应

随着数字技术的迅速发展,大数据、互联网等数字技术的网络效应逐渐凸显。以色列学者Jeffrey Rohlfs于1974年提出网络效应理论(Network Effect Theory)。网络效应理论在学者们的研究下进行了逐步拓展(Katz & Shapiro,1985;Arthur,1989)。网络效应使技术和知识外溢,打破了产业间的信息壁垒,改变了要素的投入结构,优化了资源的配置。数字经济通过网络效应融入传统产业,产生规模经济和范围经济,突破产业的边界。数字经济通过数字技术的强渗透性和扩散性融合传统经济,促其创新发展、协同发展。数字技术最重要的特征之一也是网络效应,而网络效应的关键要素是数据。数据是由网络产生,每一个网络行为,都会被自动记录和整理,形成数据传递效应。只有更多的用户才能产生更多的数据,通过数据分析才能有针对性地提高数字技术。数字化平台的兴起,生产者和消费者之间通过平台进行高效便捷的交易,在网络效应的驱动下,供给端的用户数量多也会吸引消费端更多的用户数量。这种网络效应进一步强化了数字经济的优势,并融合到传统经济中,产生了新的经济模式,并可以充分发挥互联网的外溢作用带动整个产业的发展。在数字经济背景下,不同地区之间的信息、人力资本、技术等要素的流动从传统媒介发展到 WhatsApp Messenger、Wechat 等以互联网为基础的区域空间联系网络。比如,中国电子商务公司阿里巴巴是最大的零售商之一,但是并没有自己的货物;全球特色民宿平台爱彼迎是世界上最大的住宿平台之一,但是并没有自己的不动产。在数字经济时代,信息技术的发展为区域经济高质量发展的研究提供了更多可能。

3.4.3 数字经济对区域经济高质量发展的中介效应

笔者在借鉴现有研究成果的基础上,将数字经济对区域经济高质量发展的影响机制概括为产业结构、技术创新和外商直接投资。

数字经济通过产业结构影响区域经济高质量发展。产业结构的调整、优化和升级离不开数字经济这个基础环境的推动。数字经济带来的产业融合、人才等要素的流动,对传统产业的颠覆性创新,对地区技术创新和外商直接投资的环境优化,有利于推动区域经济高质量发展。数据是数字经济的关键要素,且不受时间和空间的限制,可以实现零成本快速传输。数字经济对产业结构升级具有明显的空间溢出效应,说明数字经济的发展不仅对本地的产业结构具有直接促进作用,使得产业分工更为合理化和高级化;同时对于周边地区的产业结构调整也具有外溢作用,进而推动区域经济高质量发展。数据这一生产要素的分析、整合、利用,可以推动新产业和新业态的创新发展,促进产业结构的转型升级,从而推动经济高质量发展。

数字经济通过技术创新影响区域经济高质量发展。技术创新也是数字经济发展的一个重要推动力。结合外部性理论和新经济地理学的观点,生产要素(高素质人才、资本和数据)的集聚对于专业化分工、企业规模的扩大具有促进作用。结合内生增长理论和新古典增长理论的观点,技术创新是区域经济高质量发展的重要引擎。数字技术创新度比较高的地区对于人才的聚集、技术密集型和知识密集型产业的流动,更具有优势。同理,这些地区具有比较好的技术创新资源,也更容易形成较好的技术创新环境和氛围,推动技术进步。再加上网络技术和知识的溢出效应助力,新技术很快就能传播,最终促进经济高质量发展。

数字经济通过外商直接投资影响区域经济高质量发展。我国通过"引进来"和"走出去"两条路径优化外商直接投资的环境。一方面,数字经济本身具有溢出效应,又由于外商直接投资企业具有先进的技术水平和管理经验,对我国企业也会产生外溢效应,倒逼我国企业提高技术和管理水平。另一方面,外商直接投资企业吸纳了我国大规模的劳动力,降低了我国劳动力的失业率。劳动者在工作中不仅提高了收入,通过岗前培训、业务培训,也提高了自身的素质,从而改善了经济二元结构。再者,外商直接投资企业资金的流入,降低了我国企业的经济风险,加强了外商直接投资企业和我国企业的内部联系,建立了统一的标准提高生产率,形成规模效应。

3.5 本章小结

本章分为四个部分:第一部分介绍了数字经济背景下经济转型的 Sol-End 增长模型的背景、构建与一般均衡;第二部分从微观层面和宏观经济层面论证数字经济对区域经济高质量发展的直接影响;第三部分从产业结构、技术创新和外商直接投资三个视角论证数字经济对区域经济高质量发展的间接影响;第四部分论证了数字经济对区域经济高质量发展的空间影响。

(1)数字经济背景下经济转型的 Sol-End 增长模型

本部分提出了模型构建的背景,一是创新规模空前,数字经济发展迅速;二是资本形成率降低,要素流向新兴行业。新古典增长模型和内生增长模型都无法完全解释数字经济背景下中国经济高质量转型,因此本章尝试将这两个模型结合在一起,构建数字经济背景下经济转型的 Sol-End 增长模型,并介绍了模型的构建与一般均衡。

(2)数字经济对区域经济高质量发展的直接影响

本部分分别从微观经济层面(创造效益和降低成本)和宏观经济层面(新兴行业对经济的冲击)两个角度来论证。其中生产者视角主要表现为数字经济的发展改变了生产者传统的生产、运营、管理和盈利模式,改变了企业的商业模式,并倒逼生产者进行技术创新。消费者视角主要表现为信息透明化和互联网平台大大降低了消费者的购买成本和对商品的搜寻成本。宏观经济层面主要表现为落后产能的消亡,新兴行业与传统行业融合。

(3)数字经济对区域经济高质量发展的间接影响

本章分别从产业结构、技术创新和外商直接投资三个角度来论证:其一,数字经济通过产业结构促进区域经济高质量发展,主要从制造业转型升级、科学化分工和产业链优化三个方面来论述产业结构的中介作用;其二,数字经济通过技术创新促进区域经济高质量发展,主要从信息共享、平台创新和人才培养三个方面来论证技术创新的中介作用;其三,数字经济通过外商直接投资促进区域经济高质量发展,主要从整合世界人才、技术和产品,降低外商直接投资的“污染避难所”效应两个方面来论证外商直接投资的中介作用。

(4)数字经济对区域经济高质量发展的空间影响

本章分别从数字经济对区域经济高质量发展的溢出效应、网络效应和中介效应进行论证。其一,核心地区通过溢出效率来带动周边地区的经济发展,从而推动区域高质量发展;其二,依靠网络效应将信息技术融入传统经济,催生新的经济模式,带动区域经济高质量发展;其三,数字经济通过产业结构、技术创新和外商直接投资的中介效应对区域经济高质量发展产生影响。

第4章
数字经济和区域经济高质量发展的测度及演变

本章在梳理现有文献的基础上,从数字经济基础、数字产业化、产业数字化和数字经济环境四个方面构建了数字经济发展的评价指标体系,然后使用2011—2019年的指标数据,通过熵值法分地区具体测算我国数字经济发展指标,并从时间演变特征和空间演变特征两个方面进行了深入分析。另外,根据创新、协调、绿色、开放、共享的新发展理念构建了区域经济高质量发展的评价指标体系,然后使用2006—2019年的指标数据,通过主成分分析法测算我国区域经济高质量发展的综合指标体系,并从时间演变特征和空间演变特征两个方面进行了深入分析。

4.1 数字经济的指标体系构建

根据中国互联网络信息中心(CNNIC,2021)数据显示,互联网普及率达71.6%,庞大的网民规模为推动我国区域经济高质量发展提供了强大的消费动力。那么,数字经济如何测度、数字经济的贡献如何度量,是当前我们急需解决的问题。国内外不同的研究机构对数字经济的定义不一样,目前学术界对此还没有统一定论,这主要是因为数字经济是一个崭新的经济形态,且有其自身特色的发展历程。由于数字经济内涵丰富,界定模糊,国内外官方抑或第三方研究机构对数字经济测算的方法也比较多,同样也还没有形成统一的口径。关于数字经济的测算机构,国外的主要有美国商务部经济分析局(Bureau of Economic A-nalysis,简称 BEA)、美国商务部数字经济咨询委员会(DEBA),英国数字、文化、媒体和体育部(Department for Culture,Media and Sport,简称 DCMS),加拿大国家统计局(Statistics Canada,简称 SC),经济合作与发展组织(Organization for Eco-nomic Co-operation and Development,简称 OECD),欧盟委员会(Digital Economy and Society Index,简称 DESI),世界经济论坛(World Economic Forum,简称 WEF),联合国国际电信联盟(International Telecommunication Union,简称 ITU)。国内的学术机构等智库也发挥了很大的作用,比如中国信息通信研究院、腾讯研究院、阿里研究院、赛迪顾问、新三社、北京易观智库、财新智库等。本章将在总结数字经济指标的基础上,进一步完善数字经济的指标体系并进行测度及结果分析。

4.1.1 指标构建原则

关于数字经济的内涵,学术界都认可数字经济是结合数字技术(信息技术)和信息化的新的经济形态。数字经济的本质是以数字技术的方式融入传统经济进行生产,主要是由供需双方组成。结合数字经济的丰富内涵和本质属性,本部分拟从四个维度构建数字经济指标。数字经济指标构建遵循以下原则:

(1)科学性原则

数字经济的各项一级指标、二级指标、三级指标体系的设置必须能从各个角度客观真实地反映数字经济的特点和发展状况。同时一、二、三级指标之间的设置能客观全面反映出各个指标之间的真实关系。每个指标的选取都经过深思熟虑,不能为了选取指标而选取指标,必须要考虑这个指标是否能代表数字经济的本质属性;也不能因为数据好获取而选取这个指标,而要考虑这个数据是否真实可靠反映了数字经济的逻辑属性。选取的指标不能太多,要恰到好处地体现数字经济的研究目标;选取的指标也不能太少,要全方位阐释数字经济的研究属性。每个指标的衡量方式及计算维度应该从逻辑上保持全书一致,确保指标的数据易获取且计算方法简明易懂。

(2)简明性原则

数字经济的内涵非常丰富,学术界也尚未统一标准。数字经济的特点和属性也呈现多样化,其系统内部结构复杂,影响因素也千变万化。简要明了是我们必须要遵循的基本原则。因为并不是指标越多越好,也不是指标越少越好,而是要充分反映数字经济的特点和属性。相反,指标太多而又不能充分反映数字经济的本质特点,相应的数据收集起来也非常困难,容易造成各种误差。本章设置了 4 个维度,反映数字经济不同的特点和属性。

(3)全面性原则

数字经济发展水平的测算包括四个维度,分别是数字基础设施、数字产业化、产业数字化和数字经济发展环境。我们在构建综合评价指标的时候遵循全面性的原则,充分考虑了这四个维度,其中每个维度又细分了二级指标和三级指标,一共有 9 个二级指标、30 个三级指标,兼顾数字经济的丰富内涵和本质属性。

(4)针对性原则

本书在选取指标的过程中考虑了针对性的原则,评价指标并不需要面面俱到,不是什么都能体现出来的多面体,而是根据本书研究的内容需求建立。比如在设计数字基础设施这个维度的指标时,不仅考虑了传统基础设施,而且考虑了新型基础设施,其中新型基础设施设立了互联网普及率这个指标,因为数字技术的发展离不开互联网的发展,那么互联网的普及率在现在数字经济的发展中显得尤为重要。

4.1.2 评价指标及数据来源

本章借鉴已有的数字经济测度方法,考虑到指标的可行性和数据的可得性,确定从四个方面构建数字经济指标体系,即以"数字设施基础""数字产业化""产业数字化"和"数字经济发展环境"作为一级指标,包含 9 个二级指标、30 个三级指标,具体见表 4.1。

表 4.1　中国数字经济发展指数指标体系

一级指标	二级指标	三级指标	变量	单位
数字基础设施	传统基础设施	互联网宽带接入端口	X_1	万个
		每千人拥有域名数	X_2	万个
		每千人拥有网站数	X_3	万个
		长途光缆线路长度	X_4	万米
	新型基础设施	移动电话基站	X_5	万个
		IPv4/IPv6 地址数	X_6	万个
		互联网普及率	X_7	%
数字产业化	电子商务	电子商务销售额	X_8	亿元
		电子商务采购额	X_9	亿元
		电子商务企业比重	X_{10}	%
		有电子商务交易活动的企业数	X_{11}	万个
	产业规模	企业信息化数	X_{12}	%
		每百家企业拥有网站数	X_{13}	个
		电信业务总量	X_{14}	亿元
		软件产品收入	X_{15}	亿元
产业数字化	农业数字化	开通互联网宽带业务的行政村比重	X_{16}	%
		农村宽带接入用户	X_{17}	万户
		农产品电子商务额	X_{18}	亿元
	二、三产业数字化	电子信息产业制造业主营业收入	X_{19}	亿元
		工业应用互联网比重	X_{20}	%
		互联网相关服务业投入	X_{21}	亿元
		两化融合指数	X_{22}	/

续表

一级指标	二级指标	三级指标	变量	单位
数字经济发展环境	创新能力	规模以上企业 R&D 人员全时当量	X_{23}	万人
		规模以上企业 R&D 经费	X_{24}	亿元
		国内专利申请授权数	X_{25}	万个
	人才培养	普通高等学校在校生数	X_{26}	万人
		研究生毕业人数	X_{27}	万人
		软件研发人员就业人数	X_{28}	万人
	数字应用	数字电视用户比重	X_{29}	%
		每千人拥有计算机台数	X_{30}	台

（1）数字基础设施

传统基础设施和新型基础设施共同组成数字基础设施。传统基础设施主要包括互联网宽带接入端口（X_1）、每千人拥有域名数（X_2）、每千人拥有网站数（X_3）和长途光缆线路长度（X_4）4 个三级指标；新型基础设施主要包括移动电话基站（X_5）、IPv4/IPv6 地址数（X_6）和互联网普及率（X_7）3 个三级指标。《"十四五"数字经济发展规划》提出要"建成全球规模最大的光纤和第四代移动通信（4G）网络，第五代移动通信（5G）网络建设和应用加速推进。宽带用户普及率明显提高，光纤用户占比超过 94%，移动宽带用户普及率达到 108%，互联网协议第六版（IPv6）活跃用户数达到 4.6 亿"。通过这 7 个指标，从传统和新型基础设施两个角度详尽地分析数据经济发展的基础，以此来评价数字经济发展的一个方面。

（2）数字产业化

数字产业化包括云计算、物联网以及信息通信等数字产业。本章中数字产业化由电子商务和产业规模两部分组成。电子商务主要包括电子商务销售额（X_8）、电子商务采购额（X_9）、电子商务企业比重（X_{10}）和有电子商务交易活动的企业数（X_{11}）4 个三级指标；产业规模主要包括企业信息化数（X_{12}）、每百家企业拥有网站数（X_{13}）、电信业务总量（X_{14}）和软件产品收入（X_{15}）4 个三级指标。

（3）产业数字化

数字技术与传统产业相结合所带来的产出增加和效率提升即产业数字化。在第一产业领域中，主要包括配送的网络化等；在第二产业领域中，主要包括智能制造等；在第三产业领域中，包括智慧物流、在线办公和在线教育等。本章中产业数字化由农业数字化和二、三产业数字化组成。农业数字化包括开通互联网宽带业务的行政村比重（X_{16}）、农村宽带接入用户（X_{17}）和农产品电子商务额（X_{18}）3 个三级指标；二、三产业数字化包括电子信息产业制造业主营业收入（X_{19}）、工业应用互联网比重（X_{20}）、互联网相关服务业投入（X_{21}）和两化融合指数（X_{22}）4 个三级指标。

（4）数字经济发展环境

创新能力、人才培养和数字应用共同组成了数字经济发展环境。创新能力包括规模以上企业 R&D 人员全时当量（X_{23}）、规模以上企业 R&D 经费（X_{24}）和国内专利申请授权数（X_{25}）3 个三级指标；人才培养包括普通高等学校在校生数（X_{26}）、研究生毕业人数（X_{27}）和软件研发人员就业人数（X_{28}）3 个三级指标；数字应用包括数字电视用户比重（X_{29}）和每千人拥有计算机台数（X_{30}）2 个三级指标。

数字经济测算指标的数据来源于历年的《中国电子信息产业统计年鉴》《中国信息产业年鉴》《中国统计年鉴》《中国工业统计年鉴》《中国城市统计年鉴》《中国科技统计年鉴》，各省区市的统计年鉴，国家统计局网站和中国经济与社会发展统计数据库，还有部分缺失的数据采取线性插值法进行补充。另外，考虑到西藏、香港、澳门和台湾 4 个地区的特殊性与数据的可得性，在测算过程中剔除了这 4 个地区的数据，一共得到 2011—2019 年 30 个省份面板数据，以此测算我国及各省份数据经济发展综合指数。

4.1.3 测算方法

在总结已有文献研究的基础上，本书拟通过以上建立的指标体系来测算数字经济的发展水平，同时也对相关指标赋予权重。主观赋权法、客观赋权法和主客观赋权是对已有的指标赋予权重主要的三种方法。主观赋权法是结合确定专家的主观经验和主观判断,对指标赋予相应权重,如德尔菲法(Delphi 法,也称专家调查法)和层次分析法(Analytic Hierarchy Process,简称 AHP)等。主观赋权法主观性更强,也就是以人的主观意识来确定权重,权重与专家的主观认知息息相关。主观赋权法不能很好地反映指标综合指数(徐志向、丁任重,2019)。客观赋权法是以指标的原始信息为主要来源,结合客观环境进行赋权,如主成分分析法、聚类分析法、标准差法、熵值法、极差法及多目标规划法等。客观赋权法与主观赋权法完全相反,专家在这个过程中无法反映出任何个人的主观意愿,只是反映出客观的原则,这也许和此事件完全匹配,也可能和此事件并不匹配。熵值法在确定权重方面更为科学一些。因此,经济学界更倾向于熵值法。本章中对于数字经济的测度采用熵值法。关于正向和负向指标,都需要进行正规化处理,具体的过程参考史丹、李鹏(2019),王军、朱杰、罗茜(2021)和 Zhao et al.(2018)的做法,正向指标使用公式(4.1),负向指标使用公式(4.2)。

$$x_{i,j} = \frac{x_{i,j} - \min\{x_j\}}{\max\{x_j\} - \min\{x_j\}} \tag{4.1}$$

$$x_{i,j} = \frac{\max\{x_j\} - x_{i,j}}{\max\{x_j\} - \min\{x_j\}} \tag{4.2}$$

其中,$\max\{x_j\}$ 为所有年份中指标的最大值,$\min\{x_j\}$ 为所有年份指标中的最小值,$x_{i,j}$ 为无量纲化的结果。基于以上构建的评价指标体系,参考王军等(2021)所使用的熵值法对数字经济进行测算。关于综合指数的测算方法有很多,相对而言,熵权法以及 TOPSIS 方法更为科学和客观,因为这两种方法可以避免受专家的主观影响,遵循以结合不同指标的具体原始信息为主的赋权原则。

计算第 i 年 j 项指标所占的权重,使用 $\omega_{i,j}$ 表示:

$$\omega_{i,j} = \frac{x_{i,j}}{\sum_{i=1}^{m} x_{i,j}} \tag{4.3}$$

定义指标的信息熵 e_j,则:

$$e_j = -\frac{1}{\ln m} \sum_{i=1}^{m} \omega_{i,j} \times \ln \omega_{i,j} \tag{4.4}$$

计算信息熵冗余度 d_j:

$$d_j = 1 - e_j \qquad (4.5)$$

其中,m 为评价年度,根据信息熵冗余度计算指标权重 φ_j:

$$\varphi_j = \frac{d_j}{\sum_{j=1}^{m} d_j} \qquad (4.6)$$

基于指标 $x_{i,j}$ 及权重 φ_j,求出数字经济发展水平(dig)。计算公式如下:

$$dig_j = \sum_{j=1}^{m} \varphi_j \times \omega_{i,j} \qquad (4.7)$$

其中 dig_j 表示 i 省的数字经济发展综合指数,在 0—1 之间。dig_j 越大,则表示数字经济发展水平越高,反之,dig_j 越小,则数字经济发展水平越低。

4.2 数字经济发展指标测算及结果分析

4.2.1 综合指数分析

前文讨论了国内外学者与第三方机构的数字经济测度指标,在此基础上结合数字经济测算原则,对数字经济指标体系进一步完善,并使用 2011—2019 年数据,通过熵权法测算出中国各省份数字经济发展水平,结果如表 4.2 所示。

从表 4.2 来看,测算结果显示中国数字经济发展水平总体显现上升趋势,2019 年所有省份的数字经济发展水平都高于 2011 年,全国数字经济发展综合指数增长率为 85.04%,大部分省份增长率超过 100%。涨幅最大的 5 个省份分别是贵州、云南、广西、河南、吉林,总增长率分别为 149.97%、505.84%、471.43%、442.91%、407.03%。

表 4.2　2011—2019 年中国各省份数字经济发展水平测度结果

省份	2011	2012	2013	2014	2015	2016	2017	2018	2019
北京	0.2347	0.2418	0.2792	0.5305	0.2949	0.3193	0.5413	0.5600	0.5757
天津	0.0664	0.0850	0.0979	0.1015	0.0999	0.1514	0.2079	0.2105	0.2130
河北	0.0562	0.0739	0.0899	0.0970	0.0916	0.0964	0.1208	0.1209	0.1231
山西	0.0398	0.0535	0.0672	0.0705	0.0746	0.0785	0.0896	0.0930	0.1366
内蒙古	0.0315	0.0423	0.0519	0.0560	0.0589	0.0616	0.0712	0.0741	0.0715

续表

省份	2011	2012	2013	2014	2015	2016	2017	2018	2019
辽宁	0.1061	0.1707	0.1713	0.1835	0.1596	0.1533	0.1939	0.1792	0.1941
吉林	0.0370	0.0483	0.0587	0.0646	0.0640	0.0665	0.0818	0.1447	0.1876
黑龙江	0.0372	0.0470	0.0594	0.0644	0.0657	0.0712	0.0836	0.1251	0.1864
上海	0.1886	0.2197	0.2385	0.2518	0.2594	0.1842	0.2806	0.3894	0.3948
江苏	0.2355	0.3025	0.3042	0.3364	0.5380	0.3893	0.4022	0.4884	0.4793
浙江	0.1554	0.1643	0.1862	0.1999	0.2080	0.2310	0.3790	0.3926	0.4079
安徽	0.0466	0.0575	0.0701	0.0795	0.0886	0.0993	0.1140	0.2197	0.2257
福建	0.1220	0.1490	0.1750	0.1665	0.1802	0.1993	0.2217	0.2257	0.2282
江西	0.0450	0.0623	0.0776	0.0735	0.0806	0.0897	0.1039	0.1115	0.1229
山东	0.1152	0.1303	0.1484	0.1959	0.1873	0.2067	0.2473	0.2509	0.2655
河南	0.0508	0.0689	0.0903	0.1113	0.1163	0.1295	0.1625	0.1980	0.2758
湖北	0.0687	0.0846	0.1053	0.1421	0.1433	0.2344	0.2570	0.2781	0.2975
湖南	0.0592	0.0729	0.0832	0.0868	0.0940	0.1013	0.2134	0.2183	0.2688
广东	0.4313	0.4662	0.5135	0.5763	0.6173	0.6530	0.7164	0.7175	0.7277
广西	0.0343	0.0466	0.0577	0.0653	0.0725	0.0781	0.0919	0.1324	0.1960
海南	0.0339	0.0438	0.0513	0.0552	0.0615	0.0621	0.0716	0.0863	0.0990
重庆	0.0524	0.0682	0.0811	0.0949	0.1021	0.1180	0.1261	0.1374	0.1509
四川	0.0789	0.0908	0.1107	0.1299	0.1386	0.1315	0.1726	0.2859	0.2986
贵州	0.0249	0.0337	0.1407	0.1465	0.2538	0.2582	0.3681	0.3740	0.3784
云南	0.0291	0.0385	0.0470	0.0508	0.0558	0.0707	0.1683	0.1731	0.1763
陕西	0.0565	0.0691	0.0821	0.0978	0.1061	0.1116	0.1413	0.2428	0.2453
甘肃	0.0257	0.0339	0.0415	0.0460	0.0511	0.0540	0.0612	0.0858	0.1205
青海	0.0273	0.0347	0.0440	0.0483	0.0559	0.0567	0.0616	0.0946	0.1170
宁夏	0.0270	0.0374	0.0447	0.0488	0.0561	0.0572	0.0621	0.0834	0.0954

续表

省份	2011	2012	2013	2014	2015	2016	2017	2018	2019
新疆	0.0333	0.0422	0.0516	0.0551	0.0616	0.0619	0.0681	0.0714	0.0743
全国	0.0606	0.0682	0.0714	0.0880	0.0912	0.0869	0.1119	0.1150	0.1121

不过除贵州外,其他省份涨幅较高是因为本省数字经济起步晚,落后"大部队"的程度高,在全国数字经济发展的带动下自身数字经济要素流入加快,所以出现了较快增长的情况;涨幅较低的 5 个省份(直辖市)分别为上海、江苏、福建、辽宁、广东,涨幅分别为 109.33%、103.52%、87.05%、82.94%、68.72%。其中上海、江苏和广东数字经济起步早、基数大,尤其是广东 2011 年数字经济发展综合得分已经达到 0.4313,这些省份的数字经济发展保持增长趋势,但涨幅没有那么明显。

总体来看,中国数字经济发展较快,十年时间已经发生了翻天覆地的变化,但区域发展不均衡,地区之间数字经济发展水平差异较大,较发达城市保持高位,欠发达地区虽然数字经济发展增长迅速,但依旧维持在较低水平。接下来笔者将从时间演变特征和空间演变特征两方面详细论述中国数字经济发展现状。

4.2.2 时间演变特征

从全国层面分析,中国数字经济发展还有较大的空间,虽然保持上涨趋势,但涨幅不高。图 4.1 给出了 2011—2019 年中国数字经济发展水平综合指数与增长率。

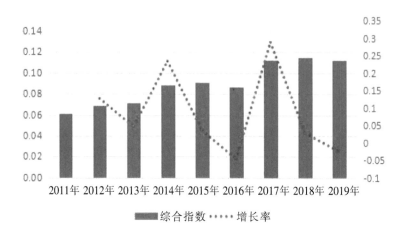

图 4.1 2011—2019 年中国数字经济发展水平综合指数与增长率

由图 4.1 可知,2011 年中国数字经济发展综合指数只有 0.0606,2012 年综合指数上升到 0.0682,涨幅为 12.61%。十年中涨幅最高的是 2014 年,数字经济发展综合指数上升 23.32%,达到 0.0880,不过可以看到中国在数字经济发展中起步晚,到 2015 年数字经济依旧还不够发达,随着我国不断调整产业结构,大力推进数字经济基础建设,为数字经济发展腾飞创造了条件,虽然 2016 年和 2018 年数字经济发展有一定下滑,但总体来看 2017 年我国数字经济发展综合指数已经超过 0.1,到 2019 年这一数值达到 0.1121,数字经济发展综合指数增幅缩小。

我国数字经济发展呈现稳中有升的趋势,部分地区数字经济发展慢,拉低了我国的平均水平,实际上部分地区如广东、上海、北京、浙江、贵州等,已经遥遥领先欠发达地区,造成中国数字经济发展起步晚、上升慢、地区间差距扩大的现状。数字经济发展更为依赖基础设施建设与高技术人才培养,我国产业结构不均衡,农业就业人员还占有较高比重,第三产业产值不够高,这些都导致数字基础设施建设慢,还需要依靠国家宏观调控,数字经济的发展自然缓慢,但区域经济高质量发展离不开数字经济的辅助,这就要求我国继续大力推动数字经济发展。

接下来分地区具体分析中国数字经济时间演变特征。2011—2019 年中国不同地区数字经济发展水平呈现不同的变动趋势。具体来说,可以分为以下几种情况:第一,以广东、北京、上海、浙江为代表的较为发达地区数字经济起步早、发展平稳。21 世纪初这些地区的数字经济就已经出现较为成熟的发展模式,广东、江苏、北京、上海和浙江在 2011 年数字经济发展综合指数就已经达到 0.4313、0.2355、0.2347、0.1886 和 0.1554,远远高于云南、青海、宁夏、甘肃等地区,并且在接下来的十年中,这些地区稳定发展,呈阶梯形上升态势。第二,以贵州、湖北、陕西、福建为代表的地区虽然数字经济起步晚,但后来居上,经过快速发展已经闯进中国数字经济发展水平第二梯队,其中贵州省独特的产业结构与数字经济发展方式带来大数据爆发式增长,在数字经济发展方面已经挤入中国一流城市范围。2011—2014 年,贵州、湖北、陕西、福建的数字经济综合指数增长率分别是 488.35%、106.84%、73.10% 和 36.48%,2016—2019 年,这一增长率分别为 46.55%、26.92%、119.80%、14.50%。数字经济起步晚、发展快的城市以内陆城市为主,以全国电子信息产业腾飞为依托,根据自身经济发展模式探索出独特的数字经济发展格局,到如今数字经济发展已经成为这些地区经济发展的主要引擎。第三,以海南、内蒙古、新疆、宁夏、青海为代表的地区数字经济发展起步晚、增长慢,由于处于“全国一盘棋”的特殊位置,不以经济发展为主,只能随着周边省份和全国数字经济发展而发展。2017 年,海南、内蒙古、新疆、宁夏、青海的数字经济发展综合指数分别为 0.0716、0.0712、0.0681、0.0621 和 0.0616,到 2019 年这一数值也只有 0.0990、0.0715、0.0743、0.0954、0.1170,还不如十年前发达地区的数字经济发展水平。这些地区中,海南、青海等地区的第三产业比重高,没有第二产业强力支撑,因而数字经济发展缓慢,而内蒙古、新疆、宁夏整体经济发展水平低,基础设施不完善,发展数字经济的难度更大。

虽然不同省份的数字经济发展速度有快有慢,不过总体来说波动性小,特别是信息化程度较高的城市,比如广东、北京、江苏、贵州等地区的数字经济发展稳定;而新兴地区,尤其是新一线城市所在省份如陕西、湖北、湖南、河南等地区的经济结构在不断调整,处于产业结构优化升级过程中,还在不断探索数字经济发展格局,因此数字经济发展水平会出现一定程度的波折反复。另外,我国数字经济发展呈阶梯分布,沿海地区处于第一梯队,中部地区大部分处于第二梯队,西北地区基本处于第三梯队,但是随着中国整体数字经济发展水平提高,数字经济阶梯分布有从沿海往内地转移的趋势,更多的内陆省份如贵州、湖北、河南、陕西等地区逐渐跻身数字经济发展水平第一梯队。中国地区间数字经济发展不平衡,低水平地区还具有较大的发展空间,当前我国还需要采取一些措施推动落后地区的追赶效率,缩小地区间的差距。

4.2.3 空间演变特征

(1)中国三大区域数字经济发展特征

通过上一部分的数据分析对比可以得出,数字经济发展具有明显的区域不平衡性和地区间差异性,而这种不均衡和差异与我国经济发展格局息息相关。

中国经济发展带有强烈的二元经济特征,城乡经济发展不均衡、区域经济发展不均衡等问题较为严峻,为了实现经济协同发展,中国相继出台了关于东部率先崛起、西部大开发、东北振兴、中部崛起等一系列的政策举措(郭芸、范柏乃、龙剑,2020)。随着经济快速增长,电子信息产业迅速增值,电商平台不断完善,互联网、大数据和人工智能的潜能陆续得到开发,数字经济发展已经成为我国区域经济高质量发展的重要依托。但区域经济发展不均衡经过电子信息产业的放大,在数字经济的发展上呈现更为极端的不均衡。为了探究中国数字经济区域发展不均衡现状,笔者根据国家相关文件将中国全部省份划分为东部、中部、西部三大区域。

表4.3 中国东部、中部、西部地区划分情况

区域划分	省、区、市
东部地区	河北、北京、天津、山东、江苏、上海、浙江、福建、广东、海南、吉林、辽宁、黑龙江、台湾、香港、澳门
中部地区	山西、河南、安徽、湖北、江西、湖南
西部地区	陕西、四川、云南、贵州、广西、甘肃、青海、重庆、宁夏、西藏、新疆、内蒙古

由于部分省份数据的可得性,本章只测算了30个省份的数字经济发展水平。

从图4.2(a)全国数字经济发展水平核密度图来看,中心位置不断向右移动,并且移动幅度较大,峰顶下移,图形呈现扁平化形状,宽度连续增加。2011—2019年中国数字经济发展不平衡性增加,地区间差距持续扩大,这一时期的图形尾部逐渐拉长,细长右拖尾现象越来越明显,这说明中国数字经济发展水平高的区域上涨

幅度远高于数字经济发展水平低的区域,差距越来越大。从极值来看,图(a)中表现为明显的"双峰"特征,主峰和侧峰的差距逐渐拉大,体现在样本中也就是两端极化越来越严峻。从数据上看,2011 年数字经济发展综合指数最高的是广东,为0.4313,最低的是贵州,只有 0.0249,两个省份的差值是 0.4064,到了 2019 年,数字经济发展综合指数最高的依旧是广东,已经上升到 0.7277,最低的省份是内蒙古,只有 0.0751,两个省份的差距已经达到 0.6526。虽然 2017—2019 年图(a)的右峰逐渐平缓,极化现象有所缓和,但依然存在,总体上中国数字经济发展水平梯度现象并没有得到扭转,到后期已经有出现"三峰"的趋势,中国数字经济发展还将延续区域不平衡结构。

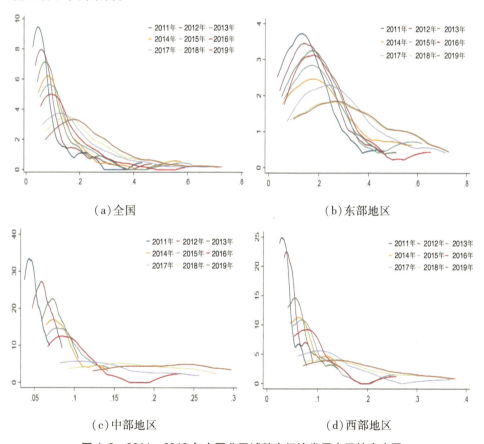

图 4.2 2011—2019 年中国分区域数字经济发展水平核密度图

图 4.2 中(b)(c)(d)分别为东部地区、中部地区和西部地区 2011—2019 年数字经济发展水平的核密度图。从东部地区的核密度图来看,整体呈现"单峰"态势,虽然主峰高度也在不断下降,但观察期内下降幅度并不高,核密度图形成扁平化结构,拖尾较短。这些都说明东部地区省份的数字经济发展水平差距虽然也有所扩大,但扩大的幅度较小,后期拖尾程度有所缩小,两极分化并不严重,区域协同性较好。中部地区核密度图从"单峰"向"无峰"形态变化,峰值小,形态变动大,尤其是到了后期,核密度图右拖尾明显并呈现扩大趋势。这就说明中部地区两极分化是因为个别省份在数字经济领域发展迅速,从而形成区域内差异,到后期个别省份的数字经济水平达到一定水平,增幅趋于稳定。西部地区核密度图与中部地区核密度图有一定相似性,初期出现"双峰"形态,到后期转变为"单峰"态势,并且形态逐渐平缓,这说明西部地区在 2011—2019 年初期有两极分化趋势,经过一段时间发展两极分化程度有所改善,但曲线宽度变化代表西部地区省际数字经济发展不均衡化形势愈加严峻。中部和西部地区虽然两极分化有所缓和,区域不均衡性加深,但从图形可以明显看出这两大区域和东部地区不同,还没有形成稳定的数字经济发展格局,在以后的经济发展中,数字经济发展水平还有较大提升空间。

(2)中国五大经济带(圈、区)数字经济发展特征

东部、中部、西部地区数字经济发展不均衡具有一定现实合理性,历史遗留问题、不同省份定位不同和要素禀赋差异共同造成了中国区域内差异。强行要求三大区域提高协同程度既不现实也没有必要,因此近些年中央提出"经济带"概念,将同一经济发展趋势地区联合在一起,以经济带区域发展盘活全国经济高质量发展。当前中国规模较大的有五大经济带(圈、区),详见表 4.4。

表4.4 中国五大经济带(圈、区)区域划分情况

区域划分	省、区、市
长江经济带	安徽、江西、云南、贵州、湖北、湖南、重庆、四川、上海、江苏、浙江
京津冀协同发展经济圈	北京、天津、河北(石家庄、秦皇岛、唐山、廊坊、保定、沧州、张家口、承德)
"一带一路"经济带	新疆、重庆、陕西、甘肃、宁夏、青海、内蒙古、黑龙江、吉林、辽宁、广西、云南、西藏、上海、福建、广东、浙江、海南
长三角经济区	上海、江苏、浙江、安徽
黄河流域经济带	青海、甘肃、山西、陕西、河南、山东、宁夏、内蒙古

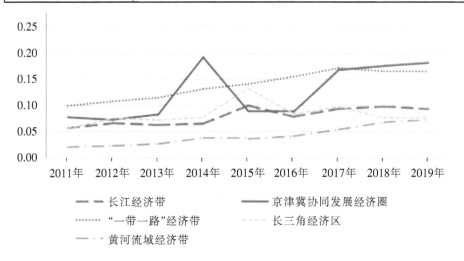

图4.3 2011—2019年中国五大经济带(圈、区)数字经济发展水平

图4.3给出了2011—2019年中国五大经济带(圈、区)数字经济发展水平,可以看出五大经济带(圈、区)的数字经济发展水平稳步上升,京津冀协同发展经济圈波动幅度较大,黄河流域经济带和"一带一路"经济带涨幅明显。2011年,长江经济带、京津冀协同发展经济圈、"一带一路"经济带、长三角经济区和黄河流域经济带的数字经济发展水平分别为0.0566、0.0771、0.0990、0.0555和0.0206,到了2019年这五大经济带(圈、区)的数字经济发展综合指数上升到0.0928、0.1812、0.1663、0.0756、0.0722。国家政策倾斜力度不同、资源禀赋和

区域位置差异等原因造成五大经济带(圈、区)数字经济发展水平差异较大。从测度结果来看,"一带一路"经济带是国际层面的经济建设,在国内包括的地区最广泛,沿线收拢东、中、西部地区资源丰富、发展较好的省份,再加上数字经济在国际层面的经济协同发展具有重要作用,因此"一带一路"经济带数字经济发展水平较高;长三角经济区和长江经济带的发展趋势较为相似;数字经济发展水平较低的是黄河流域经济带,但黄河流域经济带增长较快,追赶效应明显。这也说明国家政策调整对于数字经济协同发展具有积极作用,缩小了经济带之间的差异。

五大经济带(圈、区)的数字经济测度结果只能论证经济带(圈、区)之间数字经济发展水平差异,无法说明经济带(圈、区)内部的数字经济发展不平等程度。笔者引入泰尔指数,使用信息理论中的熵概念来分析经济带(圈、区)内部发展的不平等程度,泰尔指数计算公式如下:

$$T = \frac{1}{n}\sum_{i=1}^{n}\frac{y_i}{\bar{y}}\log\left(\frac{y_i}{\bar{y}}\right) \tag{4.8}$$

其中,T 为经济带(圈、区)数字经济发展的泰尔指数,y_i 为不同经济带(圈、区)中 i 个地区的数字经济发展水平,$\bar{y}$ 为经济带(圈、区)平均数字经济发展水平,以此计算出 2011—2019 年五大经济带(圈、区)数字经济发展的泰尔指数,泰尔指数越大就表示经济带(圈、区)数字经济发展不均衡程度越高,计算结果如表 4.5 所示。

表 4.5 2011—2019 年五大经济带(圈、区)数字经济发展泰尔指数

区域名称	2011 年	2012 年	2013 年	2014 年	2015 年	2016 年	2017 年	2018 年	2019 年
长江经济带	0.2518	0.2373	0.1524	0.1493	0.2233	0.1318	0.1003	0.0865	0.0746
京津冀协同发展经济圈	0.2189	0.1531	0.1464	0.3244	0.1557	0.1214	0.1872	0.1948	0.1982
"一带一路"经济带	0.4689	0.3990	0.3610	0.3634	0.3567	0.3499	0.3312	0.2584	0.2137
长三角经济区	0.1178	0.1288	0.1048	0.1027	0.1768	0.1080	0.0862	0.0363	0.0331
黄河流域经济带	0.1479	0.1131	0.0999	0.1386	0.1091	0.1224	0.1402	0.1235	0.1067

从表 4.5 来看,总体上五大经济带(圈、区)的泰尔指数不断降低,也就是经济带(圈、区)内部数字经济发展水平差异程度逐渐缩小。2011 年,长江经济带、京津冀协同发展经济圈、"一带一路"经济带、长三角经济区和黄河流域经济带的数字经济发展泰尔指数分别为 0.2518、0.2189、0.4689、0.1178 和 0.1479,其中"一带一路"经济带的泰尔指数最高,超过了 0.45,这是因为"一带一路"贯穿中国全域,囊括东、中、西不同地区的省份。初期数字经济发展较为不平衡,长三角经济区和黄河流域经济带的泰尔指数都较低,原因却不同,长三角经济区内省份的数字经济发展水平普遍较高,差异小,而黄河流域经济带以内陆城市为主,初期数字经济发展水平普遍较低。经过近十年发展,2019 年五大经济带(圈、区)的泰尔指数分别为 0.0746、0.1982、0.2137、0.0331、0.1067,总体来看,不平等程度都在缩小,以长江经济带的降幅最为明显,2019 年长江经济带的泰尔指数已经小于 0.1。在中国地区间数字经济发展不均衡程度加大,地区间差异加深的背景下,经济带(圈、区)内部数字经济发展协同程度高,经济带(圈、区)内部数字经济发展差异小,这说明我国以经济带(圈、区)协同发展带动全国数字经济发展的战略是有效的,而数字经济协调稳定发展成为中国经济高质量发展的基石。

4.3 区域经济高质量发展的指标体系构建

中国已经转型到高质量发展阶段,那么对经济的高质量发展如何进行量化分析呢? 高质量发展阶段的经济发展情况如何呢? 量化区域经济高质量发展也是一个比较复杂的课题(金碚,2018)。经济增长和经济发展的结合使经济高质量发展,这也体现了现代经济体系的核心内涵。本部分试图从新发展理念着手,从量化的角度做测度研究。结合高质量发展的含义和基本特征,正确判断区域经济高质量发展的具体情况,然后才能更好地推动经济高质量发展。推动区域经济高质量发展不可能一蹴而就,这需要学者和政府部门共同深入研究和实践,相辅相成,从实践中不断探索和进步(王文举、姚益家,2021)。

4.3.1 指标体系

区域经济高质量发展的内涵比较丰富,如果我们使用单一的指标来加以测度,就不能很好表达区域经济高质量发展的含义,因此我们需要进行全面的考虑,以更好地体现区域经济高质量发展水平。推进高质量发展,就要和一般的经济增长相区别,不能一味追求 GDP 的增长,而应该结合新发展理念有针对性地提高质量和效率。创新发展应该更多地关注企业的技术创新和教育创新等,因为科学技术是第一生产力,科技是现代经济发展的动力源泉;协调发展应该要关注不同区域的经济协调发展、产业结构的高级化和合理化发展,推进乡村振兴;绿色发展应该要关注生态环境的保护,工业污染治理等方面也要加强管理;开放发展应该要关注国际贸易的发展等方面;共享发展应该要更多地关注人民生活的幸福指数,更好地满足人民日益增长的美好生活需要。Nardo 等(2008)认为复合指标未尝不是一个很好的选择。复合指标可以将很多信息归纳在一起,极大地简化决策的过程。根据创新、协调、绿色、开放、共享的新发展理念,构建中国经济高质量发展水平评价指标体系,共包括 5 个一级指标、14 个二级指标和32 个三级指标。

(1)创新发展

创新是一个永恒的话题,是区域经济高质量发展的第一动力源泉,在区域经济高质量发展中顺序排第一位。随着互联网、云计算、人工智能和5G 通信技术等新一代数字技术的发展,知识和技术的创新正以惊人的速度快速发展,创新也是促进区域经济高质量发展的内生动力,可见创新在区域经济高质量发展中的重要地位。用"方向标"来形容创新的作用,一点都不为过。区域经济高质量发展阶段必须抛弃"唯 GDP 论",向创新驱动模式转变。中国经济发展的速度和效率更是由创新决定的。创新发展有利于建立新的经济增长点,实现区域产业的转型升级和经济社会的可持续发展(Aghion et al. ,2014)。创新引领着经济高质量发展的方向,引领着经济社会发展的全局。我国经济的"阿喀琉斯之踵",必须通过创新引领和驱动发展来解决这个问题。创新发展指标包括创新投入、人力资本和创新产出 3 个二级指标。

(2)协调发展

协调发展主要体现为经济增长的强度、稳定性和经济结构的合理性。中国分为东部、东北、中部和西部,那么要协调好各个省份和城市的共同发展,尤其要消除两极分化,互帮互助,才能解决区域经济发展不平衡、不协调、不可持续等问题(张景波,2019),才能实现共同富裕。一方面,政府部门要正确落实乡村振兴战略,全面推进城乡、区域协调发展,不断增强区域经济发展的均衡性,朝着共同富裕的方向前进。另一方面,政府要发挥好宏观调控作用,从整体发展的角度做好区域协调发展的规划,注重整体效率的提升,实现区域经济社会发展效率与效益的提升,促进区域经济的高质量发展。因此,协调发展是区域经济高质量发展的重中之重,要尽一切力量解决经济社会发展中的不平衡、不协调的问题。协调发展指标包括 3 个二级指标,分别是经济结构协调、城乡协调和发展协调。产业结构协调是经济结构协调的重要体现;城乡收入比和城乡消费比是城乡协调的核心因素;价格稳定和就业稳定是发展协调的主要表现。乡村振兴是协调发展的又一关键政策,只有让乡村人民的潜力充分发挥出来,才能促进城乡的协调发展,才能实现共同富裕。

（3）绿色发展

绿色发展在区域经济高质量发展中是个可持续发展的议题,主要体现为对生态环境保护的投入力度(师博、张冰瑶,2018),是实现经济高质量发展的重要保障。改革开放初期,经济发展"唯 GDP 论",长期存在高投入和高污染的问题。政府应该更多地关注绿色可持续发展,避免走"先污染后治理"的道路。那么新时期的区域经济高质量发展不能再牺牲环境,而应该追求绿色可持续发展,加快推进生态文明建设,推动生态补偿机制,为人民创造更加优美的生态环境,满足人民对美好生活的向往。绿色发展的方向指南是热爱绿色健康的生活方式,要坚持保护生态环境,追求可持续发展。绿色发展还需要推动产业的可持续发展模式,延长产业的价值链。同时政府也必须作为,出台与生态环保、绿色发展的相关政策、法律法规,以此作为绿色发展的坚固保障。绿色发展指标包括 4 个二级指标,分别为资源能源消耗、工业排放、环境治理和生态环境。绿色发展质量不仅要关注当前的生态环境,还应密切关注环境治理力度。

（4）开放发展

开放发展在区域经济高质量发展中扮演着桥梁的作用,主要体现为建立全方位的对外开放新格局。外商直接投资是提升对外开放、促进区域经济高质量发展的重要经济增长点。合理的分工布局会产生集聚效应、示范效应,比如贵州的大数据产业,这对吸引外资投入、促进外资企业产业升级具有重大的促进作用。开放也就意味着要与其他国家共享市场,并且在很大程度上参与国际分工,那么如何共享、共享多少也有个循序渐进的过程。开放发展的程度和范围是区域经济高质量发展的推动力,我们需要"引进来",也需要"走出去",两条腿走路,共同促进开放发展。从国际发展的趋势来看,任何国家都无法孤立发展,当今世界经济一体化、多极化,必须扮演好自己的角色,发挥自己的比较优势,跟上经济全球化的步伐,守好自己在世界经济资源的配置地位。从全球经济的现状出发,我国必须要大胆地拓展经济开放的范围和程度,结合当前的国际形势,构建开放的相关制度,为区域经济高质量发展提供良好的保障。当然,开放也可以通过外商直接投资更好地学习他国的先进技术和丰富的经验。一个国家要真正走向繁荣富强,也不能闭关锁国,更不能做"井底之蛙"。随着经济全球化的发展,世界经济越来越融为一体,地球也就是一个村,中国只是其中的一分子,不仅要坚持开放发展,更要学会"拿来主义",充分利用自己的优势,对外部环境变化作出及时响应和积极应对。开放发展指标包括 2 个二级指标,即开放水平和开放效果。开放水平一般用进出口总额来计算,开放效果用实际利用外资总额来计算。

(5)共享发展

共享发展是区域经济高质量发展的终极追求目标,主要体现为强化人力资本积累,使人民群众充分享有经济发展的红利。共享发展是人民至上的发展,也是解决社会公平正义问题的基本途径。当前中国城乡发展不协调,收入分配差距也比较大,教育资源、医疗资源、养老服务等公共服务分配不公,这些问题解决了,才能实现真正意义上的共享发展,最终达到经济高质量发展。政府还应该从社会公共利益出发,完善社会保障机制和相关的政策,加快乡村振兴的步伐,让乡村的老百姓也能享受到更多的社会福利,建立适合农村老百姓的社会保障体系,实现广大人民所期盼的幼有所育、老有所养、住有所居、病有所医,这也是改

善民生的良策。共享发展是我国经济发展的共同目标,是全体人民共同富裕的
最终目标,是我国社会主义社会发展的更高层次。共享发展的指标包括人民生
活和基础设施 2 个二级指标。人均公共图书馆藏书量、人均医院床位数、人均医
生数、教育经费投入力度、城镇职工养老保险覆盖率、失业率、农村居民消费、城
镇居民消费、地区生产总值占比是人民生活的具体体现;移动电话普及率是基础
设施的主要表现。

　　基于以上的理论分析,笔者充分考虑数据的可获得性和可比性,参考相关研
究(史丹、李鹏,2009;黎新伍等,2020;邓创、曹子雯,2021;郑耀群、崔笑容,
2021),从新发展理念的视角构建了我国区域经济高质量发展的指标体系,具体
见表 4.6。

表 4.6　2006—2019 年中国区域经济高质量发展的指标体系

一级指标	二级指标	三级指标	计算方法	指标属性
创新发展	创新投入	研发经费投入强度	R&D 经费支出/地区生产总值	正向指标
		研发人员投入强度	R&D 人员数/总人口	正向指标
		科技投入强度	科技预算支出/财政预算总支出	正向指标
	人力资本	高校学生人数比重	普通高校在校学生数/总人口	正向指标
	创新产出	人均专利申请数	专利申请数量/总人口	正向指标
		人均发明专利授权数	发明专利授权数量/总人口	正向指标
协调发展	经济结构协调	产业结构协调	第三产业/地区生产总值	正向指标
	城乡协调	城乡收入比	城镇居民可支配收入/农村居民可支配收入	负向指标
		城乡消费比	城镇居民消费支出/农村居民消费支出	负向指标
	发展协调	价格稳定	居民消费价格指数	负向指标
		就业稳定	城镇登记失业人员/常住人口	负向指标

续表

一级指标	二级指标	三级指标	计算方法	指标属性
绿色发展	资源能源消耗	电能消耗强度	全社会用电量/地区生产总值	负向指标
		水消耗强度	全社会用水量/地区生产总值	负向指标
	工业排放	工业废水排放强度	工业废水排放量/地区生产总值	负向指标
		工业废气排放强度	工业二氧化硫排放量/地区生产总值	负向指标
		工业烟(粉)尘排放强度	工业烟(粉)尘排放量/地区生产总值	负向指标
	环境治理	污水集中处理强度	污水处理厂集中处理率	正向指标
		生活垃圾无害化处理强度	生活垃圾无害化处理率	正向指标
	生态环境	城市人均公园绿地面积	城市公园绿地面积/城市总人口	正向指标
		建成区绿化覆盖率	城市建成区绿化覆盖面积/城市建成区面积	正向指标
开放发展	开放水平	外贸依存度	进出口总额	正向指标
	开放效果	外资依存度	实际利用外资总额	正向指标

续表

一级指标	二级指标	三级指标	计算方法	指标属性
共享发展	人民生活	人均公共图书馆藏书量	公共图书馆图书藏量/总人口	正向指标
		人均医院床位数	医院床位数/总人口	正向指标
		人均医生数	执业(助理)医师数/总人口	正向指标
		教育经费投入力度	教育预算支出/财政预算总支出	正向指标
		城镇职工养老保险覆盖率	城镇职工基本养老保险参保率	正向指标
		失业率	城镇登记失业率	负向指标
		农村居民消费	农村居民人均食品消费支出	正向指标
		城镇居民消费	城镇居民人均食品消费支出	正向指标
		地区生产总值占比	地区生产总值/国内生产总值	正向指标
	基础设施	移动电话普及率	移动电话用户数/总人口	正向指标

4.3.2 评价方法及数据来源

(1)评价方法

现有文献关于区域经济高质量发展的测度方法,一般采用因子分析法、熵值法和主成分分析法等。因子分析法、熵值法和主成分分析法都是客观赋权法,各有特色。因子分析法对于相关维度的具体变动情况不能准确地体现出来,只是可以反映出公共因子的具体变动趋势;熵值法对于相关指标之间的关系不能直接体现出来;主成分分析法可以有效避免上述两种方法的不足,对于相关维度的具体变动情况和相关维度的基础指标对总指标的贡献情况都能体现出来。本章参考魏婕、任保平(2012),任保平、钞小静、魏婕等(2012),詹新宇、崔培培等(2016)的做法,结合定性分析和定量分析法,使用主成分分析法进行降维,对2006—2019年中国总体和中国各省份的经济高质量发展水平进行测算。从表4.6可见,测算区域经济高质量发展水平,一共有5个一级指标、14个二级指标和32个三级指标,大部分指标是正向指标,少部分是负向指标。由于指标的属性、量纲、量级不同,我们首先需要对指标进行变换和处理。

（2）数据来源

本章基于数据的可行性,对 2006—2019 年中国 30 个省(自治区、直辖市)的面板数据进行测算。考虑到数据的可获得性,西藏、香港、澳门、台湾地区不在本研究的范围之内。本章的数据来源于历年的《中国统计年鉴》《中国环境统计年鉴》《中国城市统计年鉴》《中国人口和就业统计年鉴》《中国科技统计年鉴》,各省区市统计年鉴,国家统计局网站和中国经济与社会发展统计数据库。个别缺失数据采取线性插值法进行补充。

4.4 区域经济高质量发展的测度及结果分析

4.4.1 总体发展水平

本章对于中国总体经济高质量发展水平的测度主要是使用主成分分析法,和各省份测度方法相同,从五个维度分别测算创新、协调、绿色、开放、共享指数,然后根据五个指数测算高质量发展综合指数,测度结果如图 4.4 所示。

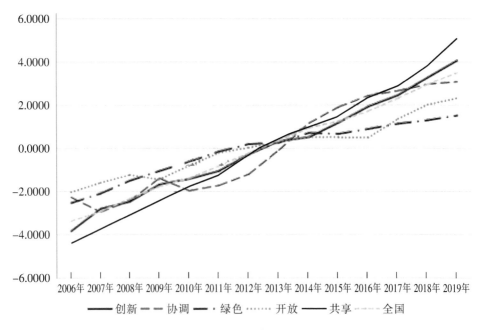

图 4.4　2006—2019 年中国总体经济高质量发展分项维度和综合指数

由图 4.4 可见,从总体经济发展层面来看,中国经济高质量发展水平整体呈现上升趋势。综合指数从 2006 年的 -3.3840 增加到了 2019 年的 3.4798,具体来看,2006—2013 年经过七年时间发展综合指数才从负值增加到正值,而 2013—2019 年经济发展较快、波动小,具有线性发展特征。不过由此也证明中国经济发展动能不足,只是稳定增长而不是呈指数增长,这也是以后经济发展需要解决的一方面问题。

从分项维度来看,创新发展和共享发展的速度较快。创新指数从 2006 年的 -3.8487 增长到 2019 年的 4.0479;共享指数从 2006 年的 -4.3794 增加到 2019 年的 5.0094,增长幅度较大,位居五个维度的第一名。与创新指数和共享指数相比,协调发展、绿色发展和开放发展的增长速度相对较缓,这三个方面的发展起步较晚,而创新发展和共享发展起步早。进入 21 世纪以来,政府在创新发展和共享发展上提供了较多的资金支持,但创新发展和共享发展较发达国家依然有一定的差距,仍具有较大的发展空间。

4.4.2 时序演变分析

(1)总体

在对中国各省份的创新、协调、绿色、开放、共享五个方面指数进行估算后,通过主成分分析法将这五大指标综合起来得到了 2006—2019 年中国省际经济高质量发展指数,如表 4.7 所示。篇幅所限,表 4.7 只列出单数年份和 2006 年的指标数据。

从表 4.7 来看,2006—2019 年中国各省份经济高质量发展指数基本呈现上升趋势,2006 年经济高质量发展指数最高的 5 个省份分别是北京(2.1242)、上海(0.7851)、天津(-0.2658)、浙江(-0.6220)、江苏(-0.6224),可以看出就算是指数最高的 5 个省,指数值依然很低,说明当时中国的经济发展水平确实很低,几乎所有省份都是负值;到了 2011 年,经济高质量发展指数最高的 5 个省份分别是北京(4.1651)、上海(2.5543)、江苏(1.3591)、天津(1.2930)、广东(1.2738),改革开放后沿海城市的经济发展速度和质量都有长足进步,但可以看出全国的经济发展水平还是相对较低,大部分省份都是负值;在 2015 年,经济高质量发展指数最高的 5 个省份分别是北京(5.8555)、上海(3.8061)、广东(2.8317)、江苏(2.7820)、天津(2.6866),可以看出排名没有大的变动,但是整体经济质量有了大幅度提高,大部分省份的指数变成了正值;到了 2019 年,经济高质量发展指数最高的 5 个省份是北京、上海、广东、浙江、江苏,指数分别是9.6481、5.5777、5.4626、4.1926、4.1408,经济高质量发展指数最低的 3 个省份是新疆、青海、甘肃,指数分别是 0.4346、0.2455、0.1749。可以看出所有省份的指数都是正值,全国经济高速发展的同时也顾及了经济发展质量。另外可以看出,东部地区省份的经济质量提高速度明显高于中部和西部地区省份,地区差异较大,下文会详细讨论省份地域差异。

表 4.7　2006—2019 年中国省际经济高质量发展指数

省份	2006	2007	2009	2011	2013	2015	2017	2019
北京	2.1242	2.3702	3.5098	4.1651	4.9379	5.8555	7.0244	9.6481
天津	-0.2658	-0.2778	0.3640	1.2930	2.2539	2.6866	3.1911	3.0861
河北	-2.2638	-2.1011	-1.5375	-0.9368	-0.4028	-0.0668	0.3863	0.9666
山西	-2.4751	-2.2796	-1.5924	-1.1713	-0.5329	-0.1345	0.0817	0.6072
内蒙古	-2.2499	-2.1379	-1.2750	-0.8332	-0.1405	0.2134	0.7709	0.9469
辽宁	-1.3528	-1.2715	-0.7416	-0.0910	0.4271	0.6556	0.9761	1.3060
吉林	-2.0781	-1.9383	-1.3808	-0.9075	-0.3271	0.1073	0.4551	0.8641
黑龙江	-2.3800	-2.2090	-1.5933	-0.9414	-0.3993	0.0159	0.5804	0.6932
上海	0.7851	1.0509	2.3230	2.5543	3.1596	3.8061	5.1776	5.5777
江苏	-0.6224	-0.2475	0.3693	1.3591	2.2552	2.7820	3.4846	4.1408
浙江	-0.6220	-0.2962	0.4041	1.1400	1.9553	2.6186	3.2718	4.1926
安徽	-2.7117	-2.3956	-1.8308	-1.1386	-0.3448	0.2364	0.7652	1.6259
福建	-1.7459	-1.4940	-0.8293	-0.2426	0.5348	0.9286	1.5518	2.2586
江西	-2.5168	-2.2510	-1.5597	-1.0095	-0.4435	-0.0956	0.3658	0.9472
山东	-1.4394	-1.1866	-0.5519	0.1469	0.9380	1.1723	1.6023	2.1492
河南	-2.6499	-2.3730	-1.8684	-1.4117	-0.6653	-0.1623	0.3633	0.9637

续表

省份	2006	2007	2009	2011	2013	2015	2017	2019
湖北	−2.1136	−1.8365	−1.3538	−0.8364	−0.0778	0.5532	1.0794	1.7984
湖南	−2.3924	−2.1892	−1.5715	−1.1060	−0.4837	0.1189	0.6905	1.3650
广东	−0.6811	−0.4017	0.3582	1.2738	2.4825	2.8317	4.4153	5.4626
广西	−2.7115	−2.6430	−2.1853	−1.6422	−0.9990	−0.5508	−0.0406	0.6074
海南	−1.9131	−1.7455	−1.2658	−0.5734	−0.0060	0.7564	0.9328	1.5072
重庆	−2.5649	−2.0658	−1.4405	−0.7107	−0.0146	0.6986	1.1347	1.7725
四川	−2.4404	−2.2091	−1.6448	−1.1522	−0.5180	0.2279	0.8270	1.5917
贵州	−3.2812	−3.0773	−2.4984	−1.8172	−1.2009	−0.6071	0.1019	0.6265
云南	−3.0475	−2.6201	−2.1651	−1.7153	−1.0949	−0.7380	−0.2063	0.6022
陕西	−2.4121	−2.2672	−1.5647	−0.9972	−0.2448	0.1740	0.6276	1.0212
甘肃	−3.0863	−3.0429	−2.5432	−2.1767	−1.3851	−0.8551	−0.2741	0.1749
青海	−2.7098	−2.5773	−2.1962	−1.6699	−1.2350	−0.7691	−0.2931	0.2455
宁夏	−2.4721	−2.2512	−1.8086	−1.2197	−0.5295	−0.2100	0.3548	0.7614
新疆	−2.3905	−2.2351	−1.7362	−1.2369	−0.7121	−0.2142	−0.0666	0.4346

（2）五个维度

此处采用主成分分析法测算出 2006—2019 年中国省际五个维度的经济高质量发展指数,合成综合指数,来测度中国经济增长质量,限于篇幅,表4.8 只列出了 2019 年的经济高质量发展指数和排名,以及 2019 年创新、协调、绿色、开放、共享五个维度的指数得分和排名。为了进一步分析不同省份存在的优势和不足,表中把不同维度中前五名的省份标记上 * 号,不同维度后五名的省份标记上#号,以此来区分驱动因素和薄弱因素。

表 4.8　2019 年中国省际经济高质量发展指数得分和排名

省份	高质量发展		创新发展		协调发展		绿色发展		开放发展		共享发展	
	得分	排名	得分	排名	得分	排名	得分	排名	得分	排名	得分	排名
北京	9.6481	1	11.6483	*1	5.8516	*1	15.3584	*1	1.3776	6	7.7493	*1
上海	5.5777	2	5.7357	*2	4.3918	*2	2.5330	*4	3.6489	*3	7.4037	*2
广东	5.4626	3	4.9939	*4	1.6382	14	3.3713	*2	9.0114	*1	4.2661	*4
浙江	4.1926	4	5.0005	*3	2.9063	*5	2.0779	8	2.2120	*4	5.7538	*3
江苏	4.1408	5	4.4394	*5	2.2419	7	1.8704	12	4.9864	*2	4.0584	*5
天津	3.0861	6	3.1665	6	3.8312	*3	2.0333	9	0.5905	9	3.3538	7
福建	2.2586	7	1.4462	8	1.5499	20	2.5348	*3	0.6794	8	3.5539	6
山东	2.1492	8	1.0046	10	1.7009	12	2.0043	10	2.1263	*5	2.2659	16
湖北	1.7984	9	1.4208	9	2.1126	8	1.7226	17	-0.0571	12	2.4416	12
重庆	1.7725	10	0.5407	12	1.8084	11	2.4829	*5	-0.2104	16	3.0055	8
安徽	1.6259	11	1.7714	7	1.6810	13	1.8326	14	-0.0862	13	1.7568	20
四川	1.5917	12	0.0705	15	1.9111	10	1.6768	18	0.4197	10	2.6514	10
海南	1.5072	13	-0.9544	24	3.0253	*4	1.7662	16	-0.4248	20	2.8037	9
湖南	1.3650	14	0.2183	14	1.6041	15	1.8129	15	-0.1029	14	2.2938	15
辽宁	1.3060	15	0.0702	16	1.5578	19	0.9285	#26	0.8590	7	2.0528	17
陕西	1.0212	16	0.5980	11	0.7223	#28	1.6538	20	-0.2681	17	1.7693	19
河北	0.9666	17	-0.5460	19	1.5802	17	1.6074	21	-0.0028	11	1.4040	22
河南	0.9637	18	-0.1402	17	1.5906	16	1.6670	19	-0.1534	15	1.0728	#28
江西	0.9472	19	0.2903	13	1.4868	21	1.4863	22	-0.3447	19	1.0747	#27
内蒙古	0.9469	20	-1.2612	#28	1.5723	18	1.9242	11	-0.5533	24	2.3427	14
吉林	0.8641	21	-0.6547	20	2.0772	9	1.1523	23	-0.5385	23	1.4892	21
宁夏	0.7614	22	-0.1721	18	1.1757	23	1.0140	25	-0.7021	#29	1.9438	18

续表

省份	高质量发展		创新发展		协调发展		绿色发展		开放发展		共享发展	
	得分	排名	得分	排名	得分	排名	得分	排名	得分	排名	得分	排名
黑龙江	0.6932	23	-0.8818	23	2.2824	6	0.7959	#27	-0.5746	25	1.0954	#26
贵州	0.6265	24	-0.6768	21	0.7062	#29	2.1140	7	-0.6263	#27	1.2514	25
广西	0.6074	25	-1.0089	#26	1.3690	22	1.0677	24	-0.3030	18	1.3786	23
山西	0.6072	26	-0.8501	22	1.0917	24	1.8419	13	-0.5090	22	1.0140	#29
云南	0.6022	27	-1.1034	#27	1.0322	#26	2.1414	6	-0.4828	21	0.9970	#30
新疆	0.4346	28	-1.4721	#30	1.0352	25	0.4028	#29	-0.5990	#26	2.4564	11
青海	0.2455	29	-1.3079	#29	0.8922	#27	-0.2382	#30	-0.7705	#30	2.4341	13
甘肃	0.1749	30	-0.9900	25	0.5521	#30	0.6239	#28	-0.7008	#28	1.2794	24

从表4.8可见,2019年经济高质量发展指数最高的5个省份分别是北京、上海、广东、浙江、江苏,这些省份或直辖市除了北京市外都处于沿海地区,经济发展速度快,要素流动自由,贸易发展程度高,开放程度和市场化程度较高,经济发展质量也高,发展较为均衡,在几个维度的发展上都名列前茅。不过广东在协调发展上稍微弱势,江苏的绿色发展稍有不足。前者是因为广东的人口流动程度高,就业机会多,相对来说价格稳定和就业稳定维持的难度高;后者是因为江苏的工业发展较为成熟,规模大,中小工厂多,必然会带来更高的绿色效率成本。

2019年经济高质量发展指数排名后五位的省份分别是山西、云南、新疆、青海、甘肃。这些省份大部分位于欠发达西部地区,云南省旅游业发达,绿色发展指数较高,在所有省份中排名第六,但其他方面指数较低,尤其是共享发展最为薄弱。山西、新疆、青海和甘肃的薄弱因素较多。山西的薄弱环节是共享发展;新疆的薄弱环节是创新发展和绿色发展;青海的薄弱环节是创新发展、绿色发展和开放发展;甘肃的薄弱环节是协调发展、绿色发展。地理位置在一定程度上限制了地区的发展,对于这样的省份,需要因地制宜,制定更合适的经济政策。

4.4.3 空间演变分析

(1)我国区域经济高质量发展特征

笔者根据中国区域经济高质量发展指数,对中国各省份高质量发展的空间依赖性和异质性进行分析。

从空间分布来看,区域经济高质量发展的差距比较大,呈现阶梯状的分布态势。具体来说,内陆城市的经济高质量发展水平比沿海城市的经济高质量发展水平要低很多;中部和西部地区的经济高质量发展水平比东部地区的经济高质量发展水平要低。四川和重庆两个地区隶属于西部,经济高质量发展水平相对较高,样本期间高质量发展水平较高的省份集中在珠三角、长三角和京津冀城市群。经济质量分区有明显的阶梯性,一定程度上与中国三大阶梯分界线吻合,说明经济高质量发展水平和自然地理环境具有相关性。

从地理空间格局来看,经济高质量发展呈现由东南向东北推进的空间演变特征。沿海地区的经济始终保持着高质量发展态势,这些地区具有得天独厚的地理条件和资源禀赋,要素聚集能力强,经济发展质量高;西部地区的排名不断降低,尤其是新疆,虽然经济发展质量不断增加,但在全国的总体排名是下滑的,西部地区经济发展起步晚,产业支撑力不足,创新能力和开放水平较低,所以不如其他地区发展快;东三省和内蒙古的排名也在不断下降,东三省在2006年前保持着经济飞速发展,但东北地区产业结构优化升级困难,第三产业落后,经济发展逐渐放缓;中部地区的经济发展保持稳中有升,排名波动幅度较小,中部崛起的战略侧重让中部地区能保持很好的发展环境。

(2)中国三大区域经济高质量发展特征

通过前文的数据分析发现,中国经济高质量发展具有明显的区域不平衡性和地区间差异性,而这种不均衡和差异与我国经济发展格局息息相关。

经济高质量发展是经济发展的综合表现,我国各地区由于地理位置和资源禀赋存在差异,所以经济高质量发展水平各不相同。具体来看,我国各地区的经济高质量发展水平整体都有所提高,由于人才流动和要素集聚等,经济发展较好的地区发展得越来越好。经济发展缓慢的地区的人才外流现象比较严重,各地

区之间的差异水平反而在扩大。相对来说,东部地区经济高质量发展水平相对
较高,各省份排名比较靠前;中部地区经济高质量发展水平增速最快,各省份排
名整体上升明显;西部地区经济高质量发展水平较低、增速较慢,各省份排名靠
后。为了探究中国经济高质量发展水平发展不均衡程度,笔者根据国家相关文
件将中国全部省份划分为东、中、西三大区域。由于部分省份数据的可得性,本
章只测算了 30 个省份的数字经济发展水平,图 4.5 描绘了 2006—2019 年中国
分区域经济高质量发展水平核密度图。

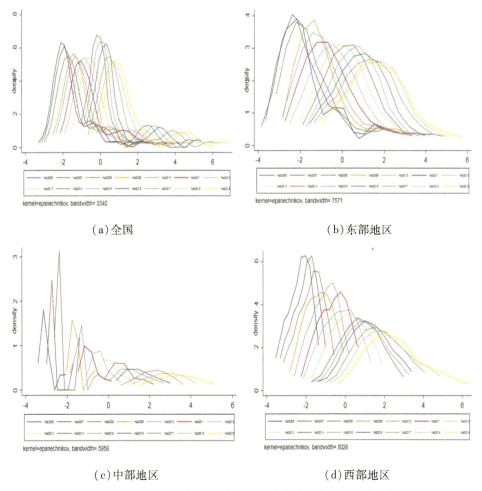

（a）全国　　　　　　　　　　　（b）东部地区

（c）中部地区　　　　　　　　　（d）西部地区

图 4.5　2006—2019 年中国分区域经济高质量发展水平核密度图

从图4.5来看,全国的经济高质量发展水平核密度中心位置不断向右移动,并且移动幅度较大,再看图4.5(a)的分布态势,明显可以看到图中峰顶下移,图形呈现扁平化形状,宽度连续增加。也就是说2006—2011年中国区域经济高质量发展水平差异扩大,这一时期的图形尾部逐渐拉长,细长右拖尾现象变化幅度不大,说明虽然地区间经济高质量发展水平差距扩大,但扩幅稳定。从极值来看,图(a)中表现为明显的"单峰"特征;从数据上看,2006年经济高质量发展水平最高的是北京的2.1488,最低的是贵州的-3.0053,到了2019年,经济高质量发展水平最高的3个省份是北京、广东和上海,分别为6.4971、5.0806、4.7714,而最低的3个省份为甘肃、云南、贵州,分别是0.2576、0.2915、0.3701。虽然最近几年全国经济高质量发展水平的核密度图的右峰逐渐平缓,极化现象有所缓和,但依然存在,总体上中国经济高质量发展水平梯度现象并没有得到扭转。

图4.5中(b)(c)(d)分别为东部地区、中部地区和西部地区2006—2019年经济高质量发展水平的核密度图。从东部地区的核密度图来看,整体呈现"单峰"态势,虽然主峰高度也在不断下降,但观察期内下降幅度并不大,核密度图形成扁平化结构,拖尾较短。中部地区核密度图"单峰"形态较为稳定,峰值小,峰尖形态变动大,尤其是到了后期,核密度图右拖尾明显并呈现扩大趋势。西部地区核密度图与东部地区核密度图有一定相似性,呈现明显的"双峰"形态,并且形态逐渐平缓,这说明西部地区经过2006—2019年的发展两极分化程度有所减轻,但曲线宽度变化代表西部地区省际经济高质量发展水平不均衡化形势愈加严峻。总体而言,中国东部地区的经济高质量发展基础水平高,增幅较小;中部地区的经济高质量发展水平增幅最明显;西部地区经济高质量发展水平及增幅均相差不大。

4.5 本章小结

本章使用2011—2019年的指标数据,通过熵权法从四个维度(数字基础设施、数字产业化、产业数字化、数字经济发展环境)测算我国分区域、分省份的数字经济发展水平,根据测算结果得出以下结论:

其一,总体来看,中国数字经济发展较快,十年时间已经出现翻天覆地的变化,但区域发展不均衡,地区之间数字经济发展水平差异较大,较发达城市保持高位,欠发达地区虽然数字经济发展增长迅速,但依旧维持在较低水平。其二,我国数字经济发展呈阶梯分布,沿海地区处于第一梯队,中部地区大部分处于第二梯队,西北地区基本处于第三梯队,但是随着中国整体数字经济发展水平提高,数字经济阶梯分布有从沿海往内地转移的趋势。其三,分三大区域来看,东部地区省份的数字经济发展水平差距虽然也有所扩大,但扩大的幅度较小,区域协同性较好;中部地区两极分化是因为个别省份在数字经济领域发展迅速,从而形成区域内差异,到后期个别省份的数字经济水平达到一定水平,增幅趋于稳定;西部地区在 2011—2019 年初期有两极分化趋势,经过一段时间的发展,两极分化程度有所改善。其四,国家政策倾斜导致经济带(圈、区)资源倾斜力度不同、资源禀赋和区域位置差异等原因造成五大经济带(圈、区)数字经济发展水平差异较大,但是经济带(圈、区)内部数字经济发展差异小,这说明我国以经济带(圈、区)协同发展带动全国数字经济发展的战略是有效的,而数字经济协调稳定发展成为中国经济高质量发展的基石。

本章基于新发展理念五个维度测算 2006—2019 年经济高质量发展指数,并得出如下结论:

第一,从总体经济发展层面来看,2006—2019 年中国经济高质量发展水平整体呈现上升趋势。综合指数从 2006 年的 - 3.3840 增加到了 2019 年的 3.4798,这 13 个年度中国经济高质量发展程度基本保持稳定、平衡、快速的发展状态,波动小,具有线性发展特征。第二,从省级经济发展层面来看,2006—2019 年中国各省份经济高质量发展水平基本呈现上升趋势,指数排名没有大的变动,但是整体经济质量有了大幅度提高,全国经济高速发展的同时也顾及了经济发展质量。第三,从不同维度来看,区域间差异较大,总体发展较快,经济发展均衡的省份除了北京外都处于沿海地区,经济发展速度快,要素流动自由,贸易发展程度高,开放程度和市场化程度较高,经济发展质量也高,发展较为均衡。而经济高质量发展指数低的省份比如山西、新疆、青海和甘肃的薄弱因素较多,地理位置在一定程度上限制了地区的发展。第四,从空间分布来看,经济高质量发展阶梯性比较明显,高质量区域和低质量区域差距大,等级显著。经济高质量发展分区有明显的阶梯性,一定程度上与中国三大阶梯分界线吻合,说明经济高质量发展水平和自然地理环境具有相关性。从地理空间格局来看,经济高质量发展呈现由东南向东北推进的空间演变特征。沿海地区的经济始终保持着高质量发展态势,西部地区的排名不断降低。

第5章

数字经济影响区域经济高质量发展的实证分析

本章通过构建基准回归模型、中介效应模型和门槛回归模型,结合 2011—2019 年的面板数据,以第 4 章测度的数字经济发展指数为核心解释变量、经济高质量发展指数为被解释变量。结合第 3 章的机制研究,以产业结构、技术创新和外商直接投资为中介变量,以城镇化水平、人力资本水平、基础设施、政府支持力度、环境规制强度和能源结构为控制变量,探讨数字经济对经济高质量发展的影响和中介效应,对内生性问题进行了处理并通过了稳健性检验,最后进行了异质性特征分析。

5.1 研究设计

本章的研究目的是探讨数字经济对区域经济高质量发展的影响和中介效应,分析数字经济对区域经济高质量发展的影响机制。基于 2011—2019 年全国 30 个省份的面板数据,通过中介效应模型和门槛回归模型,结合数字经济对区域经济高质量发展的影响进行实证分析并得出结论。

5.1.1 模型设定

本章的实证研究思路如下:首先,区别于以往的研究以要素配置效率作为数字经济对区域经济高质量发展的中介变量,笔者更重视产业结构在数字经济发展中的作用;其次,在基准回归模型的基础上,笔者以产业结构、技术创新和外商直接投资作为中介变量,结合前文的理论基础来分析数字经济促进区域经济高质量发展的作用机制;最后,考虑到产业结构不同,数字经济对区域经济高质量发展的作用可能会产生异质性的效果,笔者使用门槛回归模型进一步分析数字经济对区域经济高质量发展的影响作用。

(1)基准回归模型

根据本书研究目的,以经济高质量发展指标(hqd)作为被解释变量,以数字经济发展指数(dig)作为核心解释变量,基准模型中加入合适的控制变量(X),构建如下计量模型:

$$hqd_{i,t}=\alpha+\beta dig_{i,t}+\sum_{k=1}^{k}(\gamma \cdot X_{i,t}^{k})+u_i+\lambda_t+\varepsilon_{i,t} \tag{5.1}$$

式(5.1)中,i,t 分别表示省份和年份,α 是常数项,u_i、λ_t 和 $\varepsilon_{i,t}$ 分别代表基础回归模型的地区固定效应、时间固定效应和随机干扰项,β 表示核心解释变量的系数,γ 代表控制变量的系数,其中控制变量 X 有产业结构(is)、技术创新(rd)、外商直接投资(fdi)、城镇化水平(urb)、人力资本水平(edu)、基础设施(inf)、政府支持力度(gov)、环境规制强度($lner$)和能源结构(ene)。

(2)中介效应模型

在前文第 3 章的作用机制分析中,笔者结合刘耀彬、熊瑶(2020)等现有文献,认为数字经济还会通过产业结构、技术创新和外商直接投资间接影响区域经济高质量发展水平。因此,为了检验产业结构等因素在数字经济影响区域经济高质量发展中的中介效应,笔者以产业结构、技术创新和外商直接投资作为中介变量,引入交叉项构建如下中介效应模型:

$$is_{i,t},rd_{i,t},fdi_{i,t}=\alpha_m+\theta_m dig_{i,t}+\varepsilon_{i,t} \tag{5.2}$$

$$hqd_{i,t}=\alpha+\beta' dig_{i,t}+\sum_{k=1}^{k}(\gamma \cdot X_{i,t}^{k})+\sum_{m=1}^{M}(\delta \cdot dig_{i,t} \cdot Z_{i,t}^{m})+u_i+\lambda_t+\varepsilon_{i,t} \tag{5.3}$$

式(5.2)中,系数 θ_m 分别检验产业结构、技术创新和外商直接投资与数字经济的关系,如果回归系数显著为正,则说明数字经济的发展可以促进中介变量增加,如果回归系数显著为负,则说明数字经济发展对中介变量具有抑制作用。式(5.3)在式(5.1)的基础上增加了数字经济与中介变量的交叉项,以此来讨论中介效应,在中介效应模型中,笔者主要关注数字经济对区域经济高质量发展的影响系数 β',对比式(5.1)来看,如果 $\beta'<\beta$,并且中介变量的系数 θ_m 显著为正,

就说明数字经济通过影响中介变量提高了区域经济高质量发展水平。

（3）门槛回归模型

笔者在第 3 章的作用机制分析中明确了当一个地区产业高级化和合理化的程度不同时，数字经济对经济高质量发展的影响不同，当第三产业与第二产业增加值之比比较低的时候，第三产业不发达造成数字经济建设在一定程度上会抑制经济高质量发展，只有产业结构发展到一定阶段，数字经济才会促进经济高质量发展。同时，考虑到互联网的梅特卡夫法则，即网络价值等于网络内节点数的平方（$V=k \times n^2$，V 为网络的价值，k 为价值系数，n 为用户数量），数字经济对区域经济高质量发展的影响也可能具有非线性特点与空间溢出效应。基于此，笔者借助 Hansen（1999）的门槛面板模型，以产业结构作为门槛变量构建门槛回归模型。假设门槛模型中有 n 个门槛，以产业结构为门槛变量，数字经济对区域经济高质量发展影响的门槛回归模型如下：

$$hqd_{i,t} = \alpha + \rho_1 dig_{i,t} \cdot I(is < \omega_1) + \rho_2 dig_{i,t} \cdot I(\omega_1 \leq is < \omega_2) + \cdots\cdots$$
$$+ \rho_n dig_{i,t} \cdot I(\omega_{n-1} \leq is < \omega_n) + \gamma_n X_{i,t} + u_i + \lambda_t + \varepsilon_{i,t} \tag{5.4}$$

其中，$\rho_1, \rho_2, \cdots, \rho_n$ 为不同区段核心解释变量系数，is 是门槛变量，$I(\cdot)$ 为门槛示性函数，如果括号内表达式为真，则 $I(\cdot)=1$，如果为假，则 $I(\cdot)=0$。$\omega_1, \omega_2, \cdots, \omega_n$ 为带估计的门槛值，由所选样本数据内生决定，X 是控制变量，γ_n 为控制变量的系数，u、λ 和 ε 分别代表回归模型的地区固定效应、时间固定效应和随机干扰项。

5.1.2 变量说明

在上一部分本章给出了实证检验部分需要的模型，接下来本章一一列出解释变量和被解释变量以及选取的控制变量。

（1）被解释变量：经济高质量发展指数（hqd）

经济高质量发展是一个综合性的、内涵比较丰富的概念。结合新发展理念，笔者在第 4 章使用中国各省份的创新、协调、绿色、开放、共享五个方面数据通过主成分分析法测算出 2011—2019 年中国省际经济高质量发展指数，以此作为本章实证的被解释变量，具体结果在第 4 章有详细分析，这里就不再一一讨论。

(2)核心解释变量:数字经济发展指数(dig)

作为一个综合性的指标,数字经济的测算较为复杂,笔者在第 4 章中已从数字基础设施、数字产业化、产业数字化和数字经济环境 4 个方面使用熵权法测算出中国 2011—2019 年中国省际数字经济发展指数,这里不再赘述。

(3)中介变量

产业结构(is):产业结构升级是产业结构中各产业的地位、关系向更高级、更协调的方向转变的过程。测度产业结构升级的指标有很多,可以通过产业间的相对规模变化来测度。其中,产业结构升级的重要特征就是经济服务化。笔者参考吴振华(2021)的做法,使用第三产业与第二产业增加值之比衡量产业结构升级。

技术创新(rd):技术创新可以驱动经济高质量发展,是其高速发展的重要引擎,和产业结构升级有千丝万缕的联系。当前中国供给侧结构性改革正在进行,粗放型行业向集约型行业转变,劳动密集型产业和资源密集型产业向技术密集型产业转变,这些改革的核心就是技术创新,笔者采用 R&D 人员全时当量衡量一个地区的技术创新水平。

外商直接投资(fdi):模仿和改造可以有效提高资源利用率和分配率以及生产率,促进行业、产业和区域的协同发展。提高对外开放程度,引进国外先进技术,提高模仿和改造能力,可以促进区域协调发展,缩小区域发展差距。笔者使用实际利用外资总额占地区生产总值比重表示对外开放度。

(4)控制变量

城镇化水平(urb):城镇化水平代表城市的文明进程和社会化水平,从人口结构、劳动力流动和社会保障层面影响着经济高质量发展水平,笔者使用城镇人口占年末总人口比重代表城镇化水平。

人力资本水平(edu):人才是一个地区经济发展的根本,21 世纪中国城市发展竞争也可以说是人才的竞争,不同城市纷纷出台引进人才的优惠政策,在基础教育上投入比 20 世纪更多,高等教育的覆盖面更广。笔者使用人均受教育年限(年)代表一个地区的人力资本水平。

基础设施(inf):地区经济发展的基础就是基础设施,便利的生活能带来更高的生产率。一个地区的基础建设水平也代表了这一地区的经济发展水平。笔者使用人均城市道路面积(平方米)作为基础设施指标。

政府支持力度(gov):在一定程度上,政府加强对市场的宏观调控,有助于推动区域协调发展,但加强政府对市场的干预,可能会形成垄断和行业歧视,既不利于行业协调发展,也不利于区域协调发展,最终结果取决于二者的综合效应。笔者使用财政一般公共预算支出占地区生产总值的比重代表政府支持力度。

环境规制强度(lner):环境规制强度与当地政府每年实行的政策密切相关,在工业污染治理中的投资力度一定程度上会影响一个地区的绿色创新水平和经济发展质量,因此笔者选取工业污染治理投资总额(万元)指代环境规制强度。

能源结构(ene):能源结构是能源系统工程研究的重要内容,它直接影响国民经济各部门的最终用能方式,并反映人民的生活水平。笔者采用地区煤炭消耗量与能源消耗总量的比值衡量不同省份能源结构。

5.1.3 数据来源与描述性统计分析

第 4 章分别对核心解释变量数字经济发展指数和被解释变量经济高质量发展指数进行了测算,以测算得到的数据作为实证检验数据。中介变量和控制变量来源于中国历年的《中国统计年鉴》《中国信息年鉴》《中国工业统计年鉴》《中国城市统计年鉴》《中国科技统计年鉴》,国家统计局网站和中国经济与社会发展统计数据库,其中产业结构、城镇化水平、能源结构等指标根据统计数据计算得到。其中一部分缺失数据从各省区市统计年鉴中补充,还有部分缺失的数据采取线性插值法以及线性趋势的方法进行补充。另外,考虑到西藏、香港、澳门、台湾 4 个地区的特殊性与数据可得性,在数据整理的过程中剔除了这 4 个地区的数据,一共得到 2011—2019 年 30 个省份平衡面板数据,为了消除相关变量异方差和量纲对结果的影响,笔者对环境规制强度数据进行对数化处理,表 5.1 汇报了所有变量的描述性统计分析。

从表 5.1 来看,地区经济高质量发展指数的均值为 0.748,标准差为 1.802,最小值为 -2.177,最大值为 9.648,可以发现中国省际经济高质量发展指数的时间性和区域性差异较大,平均水平较低;数字经济发展指数的均值为 0.157,标准差为 0.137,最小值为 0.025,最大值为 0.728,中国省际数字经济发展指数极端值较高,但整体不大,地域性差异高于时间性差异,说明中国数字经济发展仍有较大进步空间,尤其是数字经济基础建设还有极大完善余地;中介变量中的产业结构平均值为 1.174,标准差为 0.667,最小值为 0.520,最大值为 5.170,产业结构升级已经提了很多年,但从数据来看,区域性差异依然大,发达城市和欠发达城市的产业结构差距较明显,平均值也偏低,还有改善空间;技术创新的平均值为 12.672,标准差为 14.162,最小值为 0.401,最大值为 80.321,科教兴国战略提出以来,各地区都在加大对技术创新的投入,但欠发达地区技术人才缺失,人才流出现象严重,而一线城市具有较强的虹吸效应,这就造成地区间技术创新水平差异巨大;外商直接投资的平均值为 0.368,标准差为 0.363,最小值为 0.050,最大值为 1.790,比起技术创新水平,不同地区的外商直接投资的差距不大,平均值较高,各级政府大力引进外商投资与先进技术提高当地经济发展水平,发达地区交通便利,偏远欠发达地区劳动力价格低,不同地区都有一定的优势,所以差异不明显。

表 5.1 描述性统计分析

变量	变量名称	变量符号	平均值	标准差	最小值	最大值
被解释变量	经济高质量发展指数	hqd	0.748	1.802	-2.177	9.648
核心解释变量	数字经济发展指数	dig	0.157	0.137	0.025	0.728
中介变量	产业结构	is	1.174	0.667	0.520	5.170
	技术创新	rd	12.672	14.162	0.401	80.321
	外商直接投资	fdi	0.368	0.363	0.050	1.790

续表

变量	变量名称	变量符号	平均值	标准差	最小值	最大值
控制变量	人力资本水平	*edu*	0.020	0.005	0.008	0.035
	基础设施	*inf*	15.592	4.686	4.040	26.200
	政府支持力度	*gov*	0.249	0.103	0.110	0.628
	环境规制强度	*lner*	11.979	0.945	8.742	14.164
	能源结构	*ene*	0.936	0.442	0.020	2.460
	城镇化水平	*urb*	58.378	12.303	35.030	89.600

5.2 实证结果

5.2.1 基准回归

接下来本章使用 Stata 16 软件进行实证检验,在做基础回归之前,首先对模型进行 Hausman 检验,结果显示 p 值为 0.003,拒绝扰动项与个体特征不相干的原假设,因此基准回归模型选择固定效应进行回归分析,为了保障模型的严谨性,这里通过逐步加入回归的方式逐渐加入控制变量来做基准回归,数字经济影响经济发展质量的基准回归结果如表 5.2 所示。

从表 5.2 可以看出,在逐渐加入控制变量的过程中,核心解释变量数字经济发展指数不断降低,但都在 1% 的水平上显著为正,在模型(1)中数字经济发展指数为 10.33,也就是说在不考虑其他控制变量的条件下,数字经济发展指数每增加 1 个单位,经济发展质量就会提高 10.33 个单位,当然缺少控制变量是十分不严谨的,在模型(6)中,数字经济发展指数为 2.62,在 1% 的水平上显著,在加入控制变量后,数字经济发展指数虽然有所下降,但可以看出数字经济发展对经济发展质量的促进作用是十分强势且稳定的,数字经济发展指数每增加 1 个单位,经济发展质量就会提高 2.62 个单位。

表 5.2　数字经济影响经济高质量发展的基准回归结果

变量	模型(1)	模型(2)	模型(3)	模型(4)	模型(5)	模型(6)
dig	10.33*** (20.93)	7.824*** (20.17)	2.143*** (5.73)	2.452*** (6.62)	2.597*** (6.83)	2.62*** (7.24)
is		1.271*** (15.9)	0.9442*** (19.47)	0.9711*** (20.53)	0.9793*** (20.03)	0.9766*** (19.89)
rd			0.0351*** (10.39)	0.0322*** (9.33)	0.0292*** (7.15)	0.0242*** (6.03)
urb			0.0662*** (24.78)	0.0623*** (19.49)	0.062*** (19.39)	0.0592*** (16.04)
edu				15.84** (2.52)	16.02** (2.18)	20.03*** (2.83)
inf				0.0192*** (3.45)	0.0158*** (2.67)	0.0237*** (4.16)
gov					-0.0454 (-0.13)	0.2763 (0.78)
$lner$					0.0962*** (2.89)	0.1602*** (4.54)
ene						-0.2863*** (-4.18)
fdi						0.0947 (0.87)
常数项	-0.877*** (-8.51)	-1.975*** (-19.52)	-5.008*** (-39.6)	-5.434*** (-33.52)	-6.594*** (-13.72)	-7.089*** (-14.62)
省份效应	yes	yes	yes	yes	yes	yes
时间效应	yes	yes	yes	yes	yes	yes
Adj R-squared	0.619	0.8036	0.9522	0.9554	0.9565	0.9594
样本数	270	270	270	270	270	270

注:***、**和*分别表示P<0.01,P<0.05,P<0.1,也分别在1%、5%和10%的水平上显著。括号内为稳健标准误下的t值。下表同。

从中介变量来看,模型(6)中产业结构、技术创新和外商直接投资的系数分别为 0.9766、0.0242 和 0.0947,其中产业结构和技术创新对经济发展质量的回归结果都在 1% 的水平上显著为正,而外商直接投资对经济发展质量的回归没有通过 10% 的显著性检验。也就是说,产业结构每上升 1 个单位,经济发展质量会提高 0.9766 个单位,产业结构对经济发展质量的影响较为明显;而技术创新的影响较小,技术创新每提高 1 个单位;经济发展质量只增加 0.0242 个单位,外商直接投资对经济发展质量的影响无法确定,外商投资涉及现汇、实物、技术等在中国直接投资的行为,投资方式复杂,再加上我国区域发展不均衡,外商直接投资差异大,如果外商向我国部分区域引入污染密集型行业,自然会抑制经济高质量发展,如果外商引入的是技术密集型行业,可以带动当地经济发展,因此还不能确定外商直接投资对经济发展质量的具体影响效果。从控制变量来看,模型(6)中城镇化水平对经济发展质量的回归系数为 0.0592,并且在 1% 的水平上显著,城镇化进程加快会推动经济高质量发展;人力资本水平的回归系数为 20.03,同样在 1% 的水平上显著,人力资本水平对经济发展质量的影响较大,并且随着控制变量的加入,这种影响也在递增,说明教育普及在经济发展中的作用较为明显,并且还可能通过影响其他变量对经济发展质量造成影响;基础设施对经济发展质量的回归系为 0.0237,通过了 1% 的显著性检验,也就是基础设施每提高 1 个单位,经济发展质量会增加 0.0237 个单位;政府支持力度的回归系数为 0.2763,没有通过 10% 的显著检验,对经济发展质量的影响无法确定;环境规制强度对经济发展质量的回归系数为 0.1602,并且在 1% 的水平上显著;能源结构的回归系数为 -0.2863,在 1% 的水平上显著,也就是说清洁能源使用量越少,煤炭在能源中的占比越高,越会抑制经济高质量发展。

5.2.2 内生性问题及处理

内生性问题是经济学研究中必须要重视的问题。从上述基准回归的结果可知,数字经济的发展会促进区域经济高质量发展,两者在 1% 的水平上存在显著的正相关关系。其中数字经济发展指数是由相关指标形成指标体系,并通过熵权法进行测算所得,而经济高质量发展指数也是由指标体系通过主成分分析法测算而得。上述分析仅仅使用 OLS 回归模型,可能无法避免模型上存在潜在的内生性问题,前文的实证结果可能不够准确。具体来说,数字经济对经济高质量发展的影响内生性问题主要有两个来源:第一,遗漏变量的存在。虽然本书在数字经济和经济高质量发展的测算与实证过程中考虑到了影响经济高质量发展的复杂因素,以及随时间可变或不可变的非观测因素,但数字经济对经济高质量发展的影响因素比较复杂,经济高质量发展范围也较广,仍旧可能会出现难以刻画和度量的因素,比如地区之间的要素禀赋差异、适用于当地的制度政策差异等影响因素。而本书数据中的控制变量无法完全有效防止遗漏变量的存在。第二,双向因果关系。数字经济可以促进经济高质量发展,而经济高质量发展的提高也可以为数字经济提供较好的发展环境。以大数据、人工智能为代表的数字技术是推动数字经济发展的重要动力,而经济高质量发展水平也在某种程度上体现了数字技术的发展水平。

一般的估计方法会使估计系数有偏和非一致,笔者通过工具变量法来缓解可能存在的内生性问题。在工具变量的选择上,传统的做法是将内生变量的滞后项或其他变量的滞后项作为工具变量,但考虑到数字经济发展还存在时间上的溢出效应,使用滞后一期的数字经济不能用来做工具变量,又考虑到数字经济是以信息网络为载体的,笔者参考 Nunn & Qian(2014),黄群慧、余泳泽、张松林(2019),赵涛、张智、梁上坤等(2020)的思路,以滞后一期全国年末电话数量分别与 1993 年地区每万人固定电话数量构造交叉项作为该年地区数字经济指数的工具变量。主要原因有两个方面:第一,从数字经济的发展历程来看,数字经济是由互联网经济发展而来。同时,互联网技术是数字经济发展的重要推动力量。互联网源于电话线拨号接入,随着固定电话的普及,慢慢发展成至今的光纤宽带。笔者认为,历史上固定电话普及率较高的地区数字经济发展水平可能也较高。历史上固定电话数量对如今经济高质量发展不可能产生直接影响,符合工具变量的相关性及外生性原则(杨慧梅、江璐,2021)。第二,数字经济的发展起源于传统信息通信技术的广泛使用和发展。随着数字技术水平等因素的影响,信息通信技术飞速发展,比如智能手机和社交软件的普及,固定电话的相关业务逐步被替代。固定电话等传统信息通信工具对经济高质量发展的影响随着数字技术的更新换代而逐渐减小,也符合工具变量排他性原则。考虑到1993年每万人固定电话数量是截面数据,不能直接应用在面板数据实证中,因此笔者使用交互项赋予界面数据以时间趋势,即引用一个随时间变化的变量来构造面板工具变量。这一数据来源于《中国统计年鉴》。

本节在加入工具变量的基础上,运用两阶段最小二乘法(2SLS)对式(5.1)进行回归,以检验数字经济对经济发展质量的影响,工具变量回归结果如表5.3所示。其中模型(1)为未固定时间效应和省份效应的2SLS回归结果,模型(2)为固定时间效应和未控制省份效应的2SLS回归结果,模型(3)为固定省份效应和未控制时间效应的2SLS回归结果,模型(4)为固定时间效应和省份效应的2SLS回归结果。

从表5.3来看,模型(1)至模型(4)在弱工具检验中,Kleibergen-Paap rk LM(识别不足检验)的F统计量P值在1%的水平上显著,F统计量都高于10,大于弱识别检验临界值,说明工具变量与内生变量具有足够的相关性,拒绝了工具变量识别不足的原假设。由于只使用一个工具变量,所以不需要进行过度识别检验。由此可知本节选择以滞后一期全国年末电话数量与1993年地区每万人固定电话数量构造交互项作为该年地区数字经济指数的工具变量是合理的。

具体来看,在考虑了内生性之后,数字经济仍然促进经济高质量发展,并且在控制时间固定效应与省份固定效应后,影响系数为3.1239,在1%的水平下显著。对比基准回归,工具变量回归结果并未发生本质上的改变,这说明数字经济发展可以促进经济高质量发展。工具变量回归进一步证明了基准回归得到的结论。

表 5.3 工具变量回归

变量	模型（1）	模型（2）	模型（3）	模型（4）
dig	2.5224*	5.2134***	2.8128***	3.1239***
	(1.93)	(7.72)	(6.30)	(7.25)
is	0.9801***	0.8833***	0.9696***	0.9585***
	(14.85)	(15.70)	(19.75)	(19.54)
rd	0.0249**	0.0018	0.0225***	0.0198***
	(2.17)	(0.29)	(4.92)	(4.45)
urb	0.0592***	0.0587***	0.0591***	0.0591***
	(16.35)	(14.84)	(16.36)	(16.29)
edu	20.21***	15.30**	19.67***	19.11***
	(2.77)	(2.00)	(2.83)	(2.74)
inf	0.0234***	0.0325***	0.0243***	0.0254***
	(3.32)	(5.09)	(4.30)	(4.49)
gov	0.2920	−0.1411	0.2452	0.1952
	(0.73)	(−0.36)	(0.71)	(0.56)
lner	0.1596***	0.1755***	0.1613***	0.1631***
	(4.51)	(4.62)	(4.66)	(4.70)
ene	−0.2850***	−0.3212***	−0.2889***	−0.2931***
	(−4.12)	(−4.35)	(−4.29)	(−4.34)
fdi	0.0965	0.0474	0.0912	0.0855
	(0.88)	(0.41)	(0.85)	(0.80)
常数项	−7.087***	−7.153***	−7.094***	−7.101***
	(−14.89)	(−13.76)	(−14.93)	(−14.90)
时间固定效应	未控制	控制	未控制	控制
省份固定效应	未控制	未控制	控制	控制
弱工具检验结果 F 值（P 值）	20.6388 (0.0000)	13.7733 (0.0000)	13.1068 (0.0000)	12.5651 (0.0000)
样本量	270	270	270	270
R-squared	0.9609	0.9532	0.9609	0.9606

5.2.3 中介效应

在前一部分的基准回归模型中已经论证数字经济可以促进经济高质量发展。具体的影响机制已经在第 3 章给出了详细说明,也就是数字经济除了直接影响经济发展质量外,还会通过产业结构、技术创新和外商直接投资间接影响经济发展质量。接下来笔者将对中介效应模型进行检验,包括对全国数据进行中介效应检验。

表 5.4　数字经济与经济发展质量的中介效应回归结果

变量	被解释变量(hqd)							
	全国地区		东部地区		中部地区		西部地区	
	未引入交叉项	引入交叉项	未引入交叉项	引入交叉项	未引入交叉项	引入交叉项	未引入交叉项	引入交叉项
	模型(1)	模型(2)	模型(3)	模型(4)	模型(5)	模型(6)	模型(7)	模型(8)
dig	2.620***	1.137***	2.139*	1.952***	2.883***	2.684***	1.670***	1.867***
	(7.24)	(2.68)	(1.78)	(3.4)	(4.25)	(2.92)	(9.85)	(2.71)
is	0.9766***	0.6531***	1.118***	0.7383***	0.3817***	0.6462***	0.9319***	1.026***
	(19.89)	(8.73)	(14.39)	(5.33)	(2.95)	(2.76)	(11.84)	(9.18)
rd	0.0242***	0.0444***	0.0223***	0.0332***	0.02	0.0262	0.0405***	0.0874***
	(6.03)	(8.06)	(3.23)	(3.28)	(1.48)	(1.56)	(4.29)	(4.54)
fdi	0.0948	−0.3971**	0.3834**	−0.6956***	1.168*	1.448	−0.1841	−0.3204
	(0.87)	(−2.29)	(2.1)	(−2.89)	(1.92)	(1.16)	(−0.72)	(−0.87)
$dig*is$		0.7035***		0.6633**		−3.473		−0.6228
		(3.37)		(2.24)		(−1.51)		(−0.53)
$dig*rd$		−0.0577***		−0.015		−0.08		−0.2217**
		(−5.01)		(−0.82)		(−0.78)		(−2.58)
$dig*fdi$		3.179***		3.914***		2.695		2.271
		(5.06)		(5.44)		(0.34)		(0.69)

续表

变量	被解释变量（hqd）							
	全国地区		东部地区		中部地区		西部地区	
	未引入交叉项	引入交叉项	未引入交叉项	引入交叉项	未引入交叉项	引入交叉项	未引入交叉项	引入交叉项
	模型（1）	模型（2）	模型（3）	模型（4）	模型（5）	模型（6）	模型（7）	模型（8）
常数项	−7.09***	−5.927***	−6.137***	−5.885***	−6.741***	−6.205***	−7.015***	−7.377***
	（−14.6）	（−13.6）	（−6.12）	（−7.24）	（−9.79）	（−8.24）	（−13.46）	（−14.77）
控制变量	控制	控制	控制	控制	控制	控制	控制	控制
省份效应	yes	yes	yes	yes	yes	yes	yes	yes
时间效应	yes	yes	yes	yes	yes	yes	yes	yes
Adj R-squared	0.9594	0.9703	0.9633	0.9790	0.9232	0.9237	0.9704	0.9742
样本数	270	270	108	108	81	81	81	81

由于我国地域辽阔，不同区域的数字经济发展水平、产业结构升级程度、技术创新水平和外商直接投资规模存在比较大的差异。为了让研究结果更加科学，在这一部分分地区检验3个变量的中介效应，表5.4给出了全国和分区域的数字经济与经济发展质量的中介效应回归结果。

（1）全国样本下中介效应分析

表5.4中的第（1）列是在未引入交叉项时数字经济对经济发展质量的影响，和基准回归结果一致，只加入控制变量时数字经济的发展可以促进地区经济发展质量的提高，接下来对中介变量也就是产业结构、技术创新和外商直接投资，表中不再单独列出回归结果；开始检验在引入数字经济与中介变量交叉项后进行回归，结果发现数字经济发展指数都为正，且对产业结构和技术创新在1%的水平上显著，数字经济对外商直接投资的影响在10%水平的上显著为正。表5.4的第（2）列就是引入交叉项后的回归结果，结果显示以产业结构、技术创新和外商直接投资作为中介变量时数字经济明显会促进经济高质量发展，并且表

5.4 中模型(2)数字经济发展指数低于模型(1)中数字经济发展指数,这说明中介效应不仅存在,中介变量还是数字经济促进地区经济高质量发展的重要因素。从产业结构的中介效应来说,数字经济与产业结构的交叉项回收系数为0.7035,也就是数字经济发展指数提高 1 个单位可以促进产业结构升级 0.7035个单位,而产业结构每提高 1 个单位,从模型(2)看可以带来经济发展质量提高0.6531 个单位,也就是说理论上数字经济发展指数提高 1 个单位,通过产业结构对经济发展质量的提高为 0.459 个单位,模型(2)中数字经济的回归系数为1.137,如此可知产业结构的中介效应约占 40.37%。通过计算可知,3 个中介变量在数字经济促进经济高质量发展中都具有中介作用,不过产业结构的中介效应的强度最高、效果最好。这也很好理解,产业结构和数字经济发展的联系最为密切,两者互为依托,产业数字化和数字产业化的过程中最为直观的影响就是对产业结构升级的影响,在本章下一部分还会详细检验产业结构在数字经济发展指数与经济发展质量的非线性关系中的门槛作用,这里就不再赘述。

再看其他 2 个中介变量,技术创新对经济高质量发展的影响系数为 0.0444,在 1%的水平上显著,而外商直接投资的系数为负,但外商直接投资与数字经济交叉项对经济发展质量具有促进作用,在 1%的水平上显著。数字经济具有较强的渗透性和蔓延性,通过数字经济的发展可以促使新技术、新方法得到迅速应用,并且适用于产前、产中、产后的各个阶段,先进技术的迅速应用在实际生产中极大地提高了生产效率和要素分配效率。在不加入中介变量时无法确定外商直接投资对经济发展质量的影响,而在中介效应模型中,数字经济明显可以通过促进外商直接投资来提高经济发展质量。大部分地区的外商直接投资以现汇、实物为主,而数字经济的发展成功打破了技术投入的阻碍,数字经济的运用大大提高外商直接投资中的先进技术的引进效率,先进技术的投入极大地改进了产品性能、节约了能源和原材料,从而影响经济高质量发展。

(2)东、中、西三大地区的中介效应分析

根据国家统计局对东、中、西三大地区的省份划分,这里将 30 个省份数据分为三大区域分别进行中介效应检验,结果见表 5.4。表 5.4 的模型(3)、模型(5)

和模型(7)是未引入交叉项时数字经济对经济发展质量的基准回归结果。从结果来看,东、中、西部地区数字经济对经济发展质量的影响有一定差异,东部地区数字经济对经济发展质量的回归系数为2.139,并且通过10%的显著性检验,也就是说东部地区省份的数字经济发展指数每提高1个单位,经济高质量发展指数就会增加2.139个单位;中部地区数字经济对经济发展质量的回归系数为2.883,在1%的水平上显著,也就是说中部地区省份的数字经济发展指数每提高1个单位,经济高质量发展指数就会增加2.883个单位;西部地区数字经济对经济发展质量的回归系数为1.67,并且通过1%的显著性检验,也就是说西部地区省份的数字经济发展指数每提高1个单位,经济高质量发展指数就会增加1.670个单位。本书第4章详细讨论了三大区域的数字经济发展指数,总体来说,东、中、西部地区的数字经济发展指数逐步下降,结合三大地区数字经济对经济高质量发展影响的基准回归结果来看,中部地区的促进作用最大,接下来依次是东部地区和西部地区。这也符合现实情况,东部地区经济发展质量虽然较高,数字经济发展起步早,但发展速度比不过中部地区,由于资源禀赋差异和经济定位不同,数字经济发展以贵阳、武汉、郑州、长沙等城市作为中心向周边区域辐射,在近十年取得了较好的成绩,而数字经济的发展作为经济发展的引擎带动整个区域的经济发展,这就造成中部地区的数字经济虽然起步晚,但发展快,对经济发展的推动力强;西部地区数字经济起步晚,发展慢,经济总体处于欠发达状态,所以数字经济在西部地区的推动力较弱;东部地区的数字经济发展也较快,数字经济发展产生的规模效应和溢出效应可以得到更有效的发挥,但由于本身经济发展质量较高,尤其是沿海城市的经济发展引擎多,所以数字经济发展对其的推动作用弱于中部地区。

表5.4的模型(4)、模型(6)和模型(8)分别是引入中介变量与数字经济交叉项后东、中、西部地区数字经济对经济发展质量的回归结果。在此之前对数字经济影响中介变量的检验表明数字经济可以提高三大地区的产业结构升级水平、技术创新水平,而对外商直接投资的影响不能确定。结合三大地区基准回归结果,在引入交叉项之后,东、中、西部数字经济的回归系数分别为1.952、2.684

和 1.867,并且都在 10% 的水平上显著为正。

具体来看,东部地区数字经济回归系数低于基准回归中的系数,并且差距较大,这说明数字经济发展通过中介变量可以明显提高经济发展质量。从东部地区产业结构的中介效应角度来说,数字经济对产业结构的影响回归系数为 0.84,从模型(4)看产业结构提高 1 个单位可以带来经济发展质量提高 0.7383 个单位,也就是说理论上数字经济发展指数提高 1 个单位,通过产业结构对经济发展质量的提高为 0.62 个单位,模型(4)中数字经济的回归系数为 1.952,如此可知产业结构的中介效应约占 31.8%。同样可计算出东部地区技术创新和外商直接投资的中介效应。和全国的中介效应相同,数字经济对经济发展质量的中介效应中产业结构的中介作用最明显。从交叉项的系数来看,产业结构与数字经济交叉项、外商直接投资与数字经济交叉项的系数分别为 0.6633 和 3.914,并且在 1% 的水平上显著,而技术创新与数字经济交叉项的系数为 −0.015,没有通过显著性检验,这可能是因为数字经济对技术创新的影响主要在先进技术的应用领域而不是创新过程,其中涉及的因素较多,难以明确影响效果。

中部地区数字经济回归系数同样低于基准回归中的系数,但差距较小,说明虽然中部地区的数字经济也可以通过中介效应促进经济高质量发展,但中介效应比较微弱。模型(6)中产业结构对经济高质量发展的回归系数为 0.6462,在 1% 的水平上显著,可以计算出中部地区产业结构的中介效应占比为 34.6%,中部地区中介效应中产业结构的效应占比虽然高于东部地区,但其他中介变量的作用不大,甚至外商直接投资的中介效应是负向影响,这可能是因为外商直接投资的"污染避难所"效应更加明显,中部地区的企业治理困境造成数字经济发挥的作用有限,反映到技术创新和外商直接投资因素上,当前中部地区数字经济发展水平还不足以扭转技术创新的成本投入和外商直接投资的"污染避难所"作用对经济高质量发展的抑制作用。

西部地区的模型(8)中数字经济回归系数高于模型(7)基准回归中的系数,这说明通过中介变量的影响西部地区数字经济对经济发展质量的推动作用反而受到了抑制。产业结构和技术创新本身又可以提高经济发展质量,从模型(8)

来看,其回归系数分别为 1.026 和 0.0874,在 1% 的水平上显著,外商直接投资的回归系数为 -0.3204,没有通过 10% 的显著性检验。这可能是因为西部地区经济发展水平低、相对落后并且地区内部发展非常不均衡,地方之间的逐底竞争模式体现在产业结构、技术创新和外商直接投资上反而消解了数字经济对经济高质量发展的促进作用,技术创新对生产力的促进效应低于成本带来的损失,而外商直接投资带来的技术溢出效应也低于"污染避难所"效应。而西部地区的产业结构升级水平低,虽然产业结构本身可以促进经济高质量发展,但数字经济发展水平与产业结构不匹配造成的资源损失与效率降低反而弱化了西部地区数字经济对经济发展质量的促进作用。

5.2.4 稳健性检验

在进行中介效应回归之前,本书已经通过 Sobel 检验来验证中介效应的存在,并对其稳健性进行检验,结果显示 Sobel 统计量的数值比 1% 的显著性水平上的临界值大,说明中介效应的结果是稳健的。但经济发展质量受到许多因素的影响,经济环境和发展阶段变化都会对其造成波动,因此为了保证实证的严谨性,接下来本章通过更换被解释变量、更换解释变量和缩尾处理再次检验中介效应的稳健性并作简单分析。

(1)更换被解释变量

在上文的中介效应检验中,实证被解释变量是使用主成分分析法测算出来的综合指标,而地区生产总值在一定程度上也能代表一个地区的经济发展质量,为了对以上中介效应的稳健性进行检验,接下来笔者以 2011—2019 年各省份的地区生产总值作为被解释变量,表 5.5 为中介效应的稳健性检验结果。

表 5.5　中介效应的稳健性检验结果 1（被解释变量）

变量	被解释变量（地区生产总值）							
	全国地区		东部地区		中部地区		西部地区	
	未引入交叉项	引入交叉项	未引入交叉项	引入交叉项	未引入交叉项	引入交叉项	未引入交叉项	引入交叉项
	模型（1）	模型（2）	模型（3）	模型（4）	模型（5）	模型（6）	模型（7）	模型（8）
dig	2.454***	3.992***	2.534***	2.66***	2.075***	6.039***	2.268***	8.727***
	(7.87)	(10.37)	(6.22)	(3.79)	(3.64)	(2.89)	(4.82)	(3.65)
is	0.05	0.2925***	0.1324***	0.0553	0.1316	0.124	0.6232***	1.052***
	(1.19)	(4.31)	(2.67)	(0.49)	(1.63)	(0.87)	(4.56)	(5.63)
rd	0.0001	0.0256***	−0.0025	0.013	0.037***	0.0474***	0.0321*	0.0875***
	(0.03)	(5.12)	(−0.58)	(1.61)	(4.16)	(4.71)	(1.96)	(2.72)
fdi	−0.3674***	−1.063***	−0.2309**	−0.6415***	−0.1418	1.178	−0.4593	−0.6389
	(−3.92)	(−6.77)	(−1.98)	(−3.29)	(−0.37)	(1.56)	(−1.04)	(−1.04)
$dig*is$		1.066***		0.1293		−0.3891		−4.902**
		(5.63)		(0.54)		(−0.28)		(−2.48)
$dig*rd$		−0.076***		−0.0367**		−0.0974		−0.2694**
		(−7.28)		(−2.46)		(−1.53)		(−1.88)
$dig*fdi$		3.184***		1.675***		9.998**		2.2702
		(5.59)		(2.87)		(2.06)		(0.49)
常数项	7.961***	8.542***	6.105***	6.666***	8.4***	8.584***	7.747***	7.224***
	(19.05)	(21.63)	(9.55)	(10.12)	(19.55)	(18.69)	(8.55)	(8.65)
控制变量	控制	控制	控制	控制	控制	控制	控制	控制
省份效应	yes	yes	yes	yes	yes	yes	yes	yes
时间效应	yes	yes	yes	yes	yes	yes	yes	yes

续表

变量	被解释变量(地区生产总值)							
	全国地区		东部地区		中部地区		西部地区	
	未引入交叉项	引入交叉项	未引入交叉项	引入交叉项	未引入交叉项	引入交叉项	未引入交叉项	引入交叉项
	模型(1)	模型(2)	模型(3)	模型(4)	模型(5)	模型(6)	模型(7)	模型(8)
Adj R-squared	0.8647	0.8903	0.9012	0.9085	0.9054	0.9102	0.9059	0.9240
样本数	270	270	108	108	81	81	81	81

表 5.5 中以地区生产总值作为被解释变量的回归结果来看,模型(1)、模型(3)、模型(5)和模型(7)分别为全国地区、东、中、西部地区数字经济对经济高质量发展指数的基准回归结果,数字经济系数分别为 2.454、2.534、2.075 和 2.268,并且都在 1% 的水平上显著。在引入交叉项之后,数字经济的系数分别为 3.992、2.66、6.039 和 8.727,同样在 1% 的水平上显著,从交叉项来看,以全国地区中介效应回归为例,数字经济与产业结构交叉项回归系数为 1.066,在 1% 的水平上显著,数字经济与技术创新的交叉项回归系数为 -0.076,数字经济与外商直接投资交叉项的回归系数为 3.184。结合三大地区中介效应回归结果,明显可知表 5.5 与表 5.4 数字经济对经济高质量发展的中介效应回归结果基本一致,这说明表 5.4 的结果具有稳健性。

(2)更换解释变量

数字普惠金融指数(dfi)指的是数字技术与传统金融业务融合之后对可得性、覆盖广度、实惠程度进行合成的综合性指数。北京大学数字金融研究中心和蚂蚁集团研究院的研究团队自 2016 年开始,使用蚂蚁集团关于数字普惠金融的海量数据,编制了一套"北京大学数字普惠金融指数",本章采用这一指标替换中介效应的解释变量来检验上文中介效应模型的稳健性。表 5.6 给出了替换解释变量时中介效应的稳健性检验结果。

表 5.6 中介效应的稳健性检验结果 2(更换解释变量)

变量	被解释变量(hqd)							
	全国地区		东部地区		中部地区		西部地区	
	未引入交叉项	引入交叉项	未引入交叉项	引入交叉项	未引入交叉项	引入交叉项	未引入交叉项	引入交叉项
	模型(1)	模型(2)	模型(3)	模型(4)	模型(5)	模型(6)	模型(7)	模型(8)
dfi	0.0031***	0.002***	0.0034***	0.0022**	0.0054***	0.0034***	0.0048***	0.0024***
	(10.22)	(3.17)	(6.67)	(2.58)	(13.12)	(3.94)	(12.38)	(3.1)
is	0.9316***	0.4539***	1.092***	0.7919***	0.1273	−0.484**	3.888***	−1.234
	(20.3)	(2.87)	(16.78)	(5.12)	(1.57)	(−2.05)	(4.12)	(−0.68)
rd	0.0447***	0.0428***	0.0349***	0.0272***	0.0173**	−0.0019	0.0457***	0.0352**
	(19.09)	(5.46)	(9.51)	(3.57)	(2.44)	(−0.16)	(5.78)	(2.32)
fdi	0.0667	−1.98***	0.2756*	−0.9846***	0.9929***	1.109	−0.2718	−1.066*
	(0.66)	(−5.71)	(1.79)	(−3.00)	(3.14)	(1.49)	(−1.23)	(−1.77)
$dfi*is$		0.0024***		0.0012**		0.0025***		0.0023***
		(4.29)		(2.64)		(2.92)		(3.13)
$dfi*rd$		−0.0004*		−0.0005**		−0.0007*		−0.0003
		(−1.68)		(−2.41)		(−1.83)		(−0.57)
$dfi*fdi$		0.0039***		−0.0017		−0.0023		0.0035
		(3.18)		(−1.55)		(−0.81)		(1.55)
常数项	−5.451***	−3.829***	−3.92***	−2.134***	−2.533***	−2.313***	−3.253***	−3.121***
	(−11.49)	(−6.05)	(−4.48)	(−2.68)	(−4.52)	(−4.37)	(−6.20)	(−6.00)
控制变量	控制	控制	控制	控制	控制	控制	控制	控制
省份效应	yes	yes	yes	yes	yes	yes	yes	yes
时间效应	yes	yes	yes	yes	yes	yes	yes	yes

续表

变量	被解释变量（hqd）							
	全国地区		东部地区		中部地区		西部地区	
	未引入交叉项	引入交叉项	未引入交叉项	引入交叉项	未引入交叉项	引入交叉项	未引入交叉项	引入交叉项
	模型（1）	模型（2）	模型（3）	模型（4）	模型（5）	模型（6）	模型（7）	模型（8）
Adj R-squared	0.9652	0.9337	0.9740	0.9734	0.9721	0.9762	0.9779	0.9797
样本数	270	270	108	108	81	81	81	81

表 5.6 中模型（1）、模型（3）、模型（5）、模型（7）为未引入交叉项时全国、东、中、西部地区数字经济对经济发展质量影响的基准回归结果，可以看到数字经济的回归系数显著为正，并且都在 1% 的水平上显著。在引入交叉项之后，中介效应回归中，数字经济回归系数都为正，除了东部地区的数字经济回归系数只通过了 10% 的显著性检验，其他 3 个模型的数字经济回归系数都通过了 1% 的显著性检验，而交叉项除了个别项符号不符，表 5.6 的结果与表 5.4 基本一致，说明表 5.4 的中介效应模型具有稳健性。

（3）缩尾处理

考虑到数据中极端数据对稳健性造成的影响，笔者对所有的连续变量进行双边 2% 和 5% 缩尾处理，以进一步缓解极端值的影响，检验表 5.4 回归结果的稳健性。缩尾处理后的中介效应回归结果显示与原结论没有较大差异，说明中介效应模型是稳健的。

5.2.5 异质性检验

结合现有文献，不同的区域也会影响经济高质量发展水平。为了检验地区之间的异质性，本章根据国家提出的经济带概念，选取长江经济带、黄河流域经济带和"一带一路"经济带进行检验。不同经济带的异质性检验结果见表 5.7。

表 5.7 的模型（1）、模型（3）和模型（5）是未引入交叉项时数字经济对经济发展质量的基准回归结果。从结果来看，长江经济带、黄河流域经济带、"一带

一路"经济带数字经济对经济发展质量的影响有一定的差异。长江经济带数字
经济对经济高质量发展的回归系数为 2.002,并且通过了 1% 的显著性检验,也
就是说长江经济带地区省份的数字经济发展指数每提高 1 个单位,经济高质量
发展指数就会增加 2.002 个单位;黄河流域经济带对经济高质量发展的回归系
数为 2.319,在 1% 的水平上显著,也就是说黄河流域经济带省份的数字经济发
展指数每提高 1 个单位,经济高质量发展指数就会增加 2.319 个单位;"一带一
路"经济带数字经济对经济高质量发展的回归系数为 1.185,并且通过了 10% 的
显著性显著,也就是说"一带一路"经济带省份的数字经济发展指数每提高 1 个
单位,经济高质量发展指数就会增加 1.185 个单位。结合长江经济带、黄河流域
经济带和"一带一路"经济带数字经济对经济高质量发展的基准回归结果,黄河
流域经济带的促进作用最大,其次是长江经济带,促进作用最小的是"一带一
路"经济带。因为不同经济带的地方特色资源和发展目标不一样,所以不同的
地区呈现出异质性特征。

表 5.7 的模型(2)、模型(4)和模型(6)分别是引入中介变量与数字经济交
叉项后长江经济带、黄河流域经济带、"一带一路"经济带地区数字经济对经济
高质量发展的回归结果。从结果来看,在引入交叉项之后,长江经济带、黄河流
域经济带、"一带一路"经济带的回归系数分别为 1.186、3.368 和 3.276,并且都
在 1% 的水平上显著为正。从系数来看,说明中介变量对黄河流域经济带经济发
展质量的促进作用最大,其次依次是"一带一路"经济带和长江经济带。根据比
较,长江经济带回归系数低于基准回归系数,说明数字经济的发展通过中介变量
可以明显提高经济发展质量。

表 5.7 不同经济带异质性检验结果

变量	被解释变量(hqd)					
	长江经济带		黄河流域经济带		"一带一路"经济带	
	未引入交叉项	引入交叉项	未引入交叉项	引入交叉项	未引入交叉项	引入交叉项
	模型(1)	模型(2)	模型(3)	模型(4)	模型(5)	模型(6)
dig	2.002***	1.186***	2.319***	3.368***	1.185*	3.276***
	(4.51)	(3.12)	(3.02)	(2.93)	(1.96)	(3.11)
is	1.23***	0.2983	0.626***	0.6549***	0.6237***	0.2324*
	(7.47)	(1.43)	(7.30)	(3.85)	(6.73)	(1.9)
rd	0.0135**	0.0096***	0.0272***	0.0504***	0.0364***	0.0559***
	(2.38)	(3.95)	(3.2)	(4.57)	(6.05)	(7.22)
fdi	−0.4002**	−0.1053	0.324	0.4404	0.3889**	−0.1838
	(−2.13)	(−0.31)	(1.24)	(1.22)	(2.55)	(−0.87)
$dig*is$		4.984***		−0.6459		3.407***
		(5.3)		(−0.33)		(4.21)
$dig*rd$		−0.0148		−0.149***		−0.0423**
		(−0.80)		(−3.18)		(−2.63)
$dig*fdi$		−2.677**		−0.6422		2.004**
		(−2.19)		(−0.25)		(2.44)
常数项	−7.745***	−7.485***	−6.219***	−6.767***	−8.74***	−6.908***
	(−10.03)	(−11.41)	(−11.61)	(−13.68)	(−13.02)	(−11.49)
控制变量	控制	控制	控制	控制	控制	控制
省份效应	yes	yes	yes	yes	yes	yes
时间效应	yes	yes	yes	yes	yes	yes

续表

变量	被解释变量(hqd)					
	长江经济带		黄河流域经济带		"一带一路"经济带	
	未引入交叉项	引入交叉项	未引入交叉项	引入交叉项	未引入交叉项	引入交叉项
	模型(1)	模型(2)	模型(3)	模型(4)	模型(5)	模型(6)
Adj R-squared	0.9799	0.9856	0.9720	0.9779	0.9509	0.9681
样本数	99	99	72	72	153	153

5.3 进一步研究

从上一部分的研究结果和第 4 章对我国经济高质量发展指数的分析来看,中国经济高质量发展具有明显的空间聚集特征,而产业结构在数字经济对经济发展质量的影响中具有明显的中介效应。根据机制分析,只有当一个地区的产业结构升级到一定阶段,数字经济才能促进经济高质量发展。同时,考虑到网络技术的发展规律,数字经济对区域经济高质量发展的影响也可能具有非线性特点。基于此,为了进一步讨论以产业结构作为门槛变量时数字经济发展指数与经济发展质量之间是否具有非线性关系,这种非线性关系是什么形态,笔者将使用门槛回归模型,验证数字经济对经济发展质量的影响。根据前文给出的门槛模型,在进行门槛回归之前,需要先确定门槛的个数,以便确定模型的形式。参考连玉君、程建(2006)的门槛模型"自抽样"做法,依次在单一门槛、双重门槛和三重门槛的设定下对模型进行估计。

表 5.8　门槛效应检验的回归结果

门槛检验	临界值				
	F 值	P 值	1%	5%	10%
单一门槛检验	29.00	0.0567	42.67	25.32	20.57
双重门槛检验	18.32	0.0533	23.66	19.50	16.81
三重门槛检验	6.29	0.7100	43.65	23.11	18.02

注:P 值和临界值均为采用"自抽样法"(Bootstrap)反复抽样 300 次得到的结果。

采用"自抽样法"得出 P 值和临界值,门槛效应检验的回归结果如表 5.8 所示。很明显,在三重门槛检验中,1%、5% 和 10% 的显著性水平下都不显著,相应的 P 值为 0.7100。而在单一门槛和双重门槛检验中,在 10% 的水平下显著,自抽样 P 值分别为 0.0567 和 0.0533。同时存在单一门槛和双重门槛说明随着产业结构的变化,数字经济对经济发展质量的影响系数符号出现了一次变化,而双重门槛中有一次系数大小有了明显变化,符号没有变动,为了更精准地讨论产业结构作为门槛变量时数字经济发展指数与经济发展质量之间的非线性关系,笔者选择双重门槛模型进行门槛估计。表 5.9 列出了产业结构作为门槛变量的门槛值估计结果。

表 5.9　门槛值估计结果

门槛值	估计值	95%置信区间
门槛值 ω_1	1.13	[1.085, 1.14]
门槛值 ω_2	2.13	[1.935, 2.19]

从表 5.9 来看,数字经济发展指数和经济发展质量之间具有显著的门槛效应,门槛变量的估计值分别为 1.13 和 2.13,双重门槛的估计值可以把产业结构升级程度分为 3 个区间,分别是产业结构不合理区域($is \leqslant 1.13$)、产业结构优化区域($1.13 < is < 2.13$)和产业结构合理区域($is \geqslant 2.13$)。在双重门槛的估计值和 95% 的置信区间表格中,第一个门槛估计值的 95% 置信区间是 [1.085, 1.14],第二个门槛估计值的 95% 置信区间是 [1.935, 2.19],结合表 5.8 和表

5.9 可以明显看出数字经济发展指数与经济发展质量之间的关系是非线性的，为了进一步对门槛值和置信区间的构造进行观察，接下来笔者使用最小二乘的似然比统计量 LR 来识别门槛值，LR 为零时的取值就是门槛估计值，以此选取双重门槛检验结果进行具体分析。图 5.1 和图 5.2 分别是双重门槛估计值的似然比函数图，其中水平的虚线为 95% 置信区间。

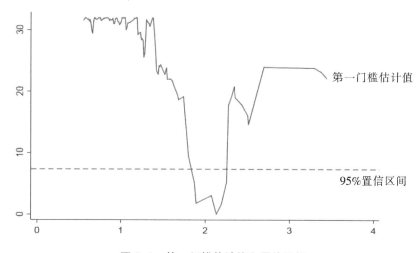

图 5.1　第一门槛估计值和置信区间

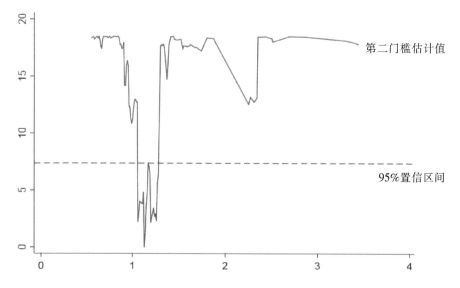

图 5.2　第二门槛估计值与置信区间

结合图 5.1 和图 5.2,曲线是不同的门槛收集点的轨迹,而曲线上任何一点对应的纵坐标则代表了这个门槛值的似然比,曲线与 95% 置信水平代表的虚线的交点构成的区间就是 95% 置信区间,当置信区间较小的时候,就说明门槛回归模型受不可观测的影响越小,门槛回归结果也就更准确。可以看到,第一门槛和第二门槛估计值位于 95% 置信水平下的区间较小,并且第二门槛的准确度还高于第一门槛。总体来说,LR 图证明了以产业结构作为门槛变量的模型估计结果较好,也验证了数字经济发展指数与经济发展质量之间具有非线性关系,具体是怎么样的线性关系,接下来基于双重门槛估计结果,对双重门槛模型的参数进行估计,具体门槛回归结果如表 5.10 所示,限于篇幅,表中不再列出控制变量相关估计结果。

表 5.10 门槛模型回归结果

变量	变量区间	系数	P 值(t 值)
产业结构	$is \leqslant 1.13$	-0.898^{***}	0.004 (−2.89)
	$1.13 < is < 2.13$	0.872^{***}	0.000 (3.54)
	$is \geqslant 2.13$	4.12^{***}	0.000 (7.33)

在表 5.10 的双重门槛模型回归结果中,以产业结构升级程度作为门槛变量,区分一个地区不同程度的产业结构后,门槛效应的计量结果显示产业结构处于第一区间时,数字经济发展对经济发展质量的影响是负向的。当产业结构处于第一区间时,回归系数是−0.898,并且通过了 1% 的显著性水平检验;当产业结构在第二区间时,回归系数是 0.872,并且在 1% 的水平上显著,此时产业结构升级到一定程度,数字经济发展能促进经济高质量发展;当地区产业结构升级程度位于第三区间时,数字经济对经济发展质量的回归系数是 4.12,并且通过了 1% 的显著性水平检验,可以看到在第三区间时,数字经济的回归系数远远高于产业结构位于第二区间时的回归系数,这也验证了上文中关于产业结构中介效应的结论,数字经济的作用较为依赖于产业结构,当产业结构合理化和高级化之

后,数字经济对经济发展质量的促进作用较为显著,产业结构升级在数字经济促进地区经济发展质量提高的过程中处于关键位置。

总体来说,数字经济发展指数与经济发展质量之间具有非线性关系,当以产业结构作为门槛变量进行回归时,存在双重门槛结构,仔细分析后可以发现数字经济对经济发展质量的影响呈现"V"形态势,数字经济发展作用存在拐点。数字经济发展较为依赖基础设施建设,比如移动电话基站、IPv4/IPv6 地址、数字电视、计算机平民化等,而这些基础建设需要投入大量资金和人力资本。当一个地区产业结构升级水平较低的时候,第二产业发展速度远高于第三产业,在数字经济基础建设上投入大量资源必然会影响实体业的发展,不仅数字经济还没发挥作用,而且非数字经济产业也受到一定消极影响,此时数字经济的发展就会抑制经济发展质量的提高。但这种抑制作用只是暂时的,当产业结构升级到一定程度后,数字经济发展水平的提高不仅能直接促进经济发展质量提高,还能通过整合产业结构间接影响经济发展质量。在产业结构升级没有到临界值时,数字经济的对经济高质量发展的促进作用还不够明显,透明有效的信息倒逼市场主体进行产业结构升级,将更新更快的技术运用在本行业,提高要素市场的运转效率。数字化技术在多领域、多环节的市场中,推进生产技术创新、推动产业结构优化升级,当产业结构升级后,又反过来作用于数字经济对经济发展质量的提升。产业结构优化升级下,新兴数字产业比如"数字支付""人工智能""电子商务"与传统产业融合创新,对经济发展质量产生的推动力是惊人的,数字经济拥有极强的渗透性和扩散性,当产业数字化和数字产业化成型之后,其影响力不再局限在信息透明的圈子内,而会变革各产业传统的商业模式。传统的产业边界不再存在,取而代之的是智能制造与服务、平台化协同等新模式,其中比较成功的就是电子商务平台,实体业和数字产业融合缔造了庞大的网络销售渠道,方便快捷、种类齐全的线上购买方式是 21 世纪不可或缺的商业形式。在这个阶段已经不再是简单的数字经济发展促进产业结构升级抑或是产业结构升级推动数字经济发展,而是数字经济发展与产业结构升级交融在一起共同促进经济高质量发展。不过大部分地区还没有达到这一产业结构水平,数字经济发展也有些落后,但理论和实证的结合验证了产业结构在数字经济促进经济高质量发展中的巨大作用,为以后制定相关政策制度提供了思路,也是欠发达地区提高经济发展质量的一个途径与参考。

5.4 本章小结

本章基于 2011—2019 年全国 30 个省份的面板数据,在基准回归模型的基础上,以产业结构、技术创新和外商直接投资作为中介变量,结合第 3 章的理论基础来分析数字经济促进经济高质量发展的作用机制;考虑到产业结构不同,数字经济对经济高质量发展的作用可能会产生异质性的作用效果,接着使用门槛回归模型进一步分析数字经济对经济高质量发展的影响作用。通过中介效应模型和门槛回归模型对数字经济对经济高质量发展的影响进行实证分析并得到以下结论:

首先,基准回归中核心解释变量数字经济发展指数不断降低,但都在 1% 的水平上显著为正,数字经济发展指数每增加 1 个单位,经济发展质量就会提高 10.33 个单位,在模型(6)加入控制变量后,数字经济发展指数为 2.62,在 1% 的水平上显著。虽然数字经济发展指数有所下降,但可以看出数字经济发展对经济发展质量的促进作用是十分强势且稳定的。

其次,对于全国地区来说,中介效应模型中数字经济的系数低于基准回归模型中数字经济的系数,这说明中介效应不仅存在,中介变量还是数字经济促进地区经济高质量发展的重要因素,3 个中介变量在数字经济促进经济高质量发展中都具有中介作用,不过产业结构的中介效应的强度最高、效果最好。

再次,总体来说东、中、西部地区的数字经济发展指数逐步下降,结合三大地区数字经济对经济高质量发展影响的基准回归结果来看,中部地区的促进作用最大,接下来依次是东部地区和西部地区。从引入交叉项的结果来看,东、中、西部地区数字经济对经济发展质量的影响有一定差异,东部地区省份的数字经济发展指数每提高 1 个单位,经济高质量发展指数就会增加 2.139 个单位;中部地区省份的数字经济发展指数每提高 1 个单位,经济高质量发展指数就会增加

2.883 个单位;西部地区省份的数字经济发展指数每提高 1 个单位,经济高质量发展指数就会增加 1.67 个单位。

最后,数字经济发展指数与经济发展质量之间具有非线性关系,当以产业结构作为门槛变量进行回归时,存在双重门槛结构,仔细分析后可以发现数字经济对经济发展质量的影响呈现"V"形态势,数字经济发展作用存在拐点。当一个地区产业结构升级水平较低的时候,不仅数字经济还没发挥出应有的作用,而且非数字经济产业也受到一定消极影响,这就造成数字经济的发展抑制了经济发展质量的提高。当产业结构升级到一定程度后,数字经济发展水平的提高不仅能直接促进经济发展质量提高,还能通过整合产业结构间接影响经济发展质量。产业结构较为高级合理时,新兴数字产业与传统产业融合创新,对经济发展质量产生的推动力是惊人的,在这个阶段已经不再是简单的数字经济发展促进产业结构升级抑或是产业结构升级推动数字经济发展,而是数字经济发展与产业结构升级交融在一起共同促进经济高质量发展。

第 6 章

数字经济影响区域经济高质量发展的空间效应

数字经济更容易集聚数据生产要素,并使之流向资本密集型的区域,不仅会促进本地区经济高质量发展,还会有空间溢出效应,比如技术、创新、管理等溢出,从而对相邻的地区产生空间溢出作用。Paelinck & Jean H. (1979)在空间相关性研究方面作出了很大的贡献,最早对空间计量经济学进行了解释。本章首先介绍了邻接、地理和经济距离权重矩阵的构建;接着分析了数字经济和经济高质量发展的全局空间自相关和局部空间自相关;然后结合 LM 检验的结果,主要采用空间滞后模型就各地区数字经济对区域经济高质量发展的空间效应进行分析;最后结合产业结构、技术创新和外商直接投资进行了机制检验,并作了异质性分析。

6.1 数字经济和经济高质量发展的空间相关性

6.1.1 空间权重矩阵的构建

空间权重矩阵是一个反映个体在空间中相互依赖关系的矩阵。根据 Tobler 地理学第一定律,从空间上发现各地区之间数字经济、区域经济高质量发展存在强弱不同的空间相关性。一般来说,区域地理位置相邻比较近的空间联系会更密切一些。笔者引入空间权重矩阵这一概念,结合具体的研究对象,用量化的方法表示不同省份之间在空间的相互依赖关系的"空间结构"(Anselin,1988),一般都用 N×N 表示,本书结合数据的可得性主要研究全国 30 个省的面板数据,故 N=30。通过不同省份之间的空间地理位置等因素,具体研究各省数字经济对区域经济高质量发展的影响,让研究结果更加科学合理。主要构建三种空间权重矩阵(邻接、地理和经济距离)进行相应的分析。

(1)邻接权重矩阵

邻接权重矩阵是最简单的空间权重矩阵之一,也就是二进制空间权重矩阵,一般使用 0 和 1 作为标记来表示空间的相邻关系如何,是定性的界定,具体公式为:

$$W = \begin{pmatrix} W_{11} & W_{12} & W_{1n} \\ \cdots & \cdots & \cdots \\ W_{m1} & W_{m2} & W_{mn} \end{pmatrix} \tag{6.1}$$

其中,主对角线元素 $W_{11} = W_{22} = \cdots = W_{mn} = 0$,如省 i 和省 j 有共同的非 0 共同边界,则 $W_{i,j} = 1$,也就是说省 i 和省 j 是空间相邻的;如各省 i 和省 j 没有共同的边界,则 $W_{i,j} = 0$,也就是说省 i 和省 j 是非空间相邻的。具体公式如下所示:

$$W_{i,j} = \begin{cases} 0 \ (i=j) \\ 1 \ (i \neq j) \end{cases} \tag{6.2}$$

(2)地理权重矩阵

地理权重矩阵是不同的空间单元地区 i 和地区 j 之间的地理距离为 $d_{i,j}$,此处利用省 i 和省 j 之间的经纬度来计算,地理权重矩阵的元素分别对应 $1/d_{i,j}^2$,具体公式为:

$$W = \begin{pmatrix} 0 & 1/(d_{1,2})^2 & 1/(d_{1,3})^2 & \cdots & 1/(d_{1,n})^2 \\ 1/(d_{2,1})^2 & 0 & 1/(d_{2,3})^2 & \cdots & 1/(d_{2,n})^2 \\ \cdots & \cdots & \cdots & \cdots & \cdots \\ 1/(d_{m,1})^2 & 1/(d_{m,2})^2 & 1/(d_{m,3})^2 & \cdots & 0 \end{pmatrix} \tag{6.3}$$

$$W_{i,j} = \begin{cases} 1/d_{i,j}^2 & i \neq j \\ 0 & i=j \end{cases} \tag{6.4}$$

（3）经济距离权重矩阵

经济距离权重矩阵是不同的空间单元地区 i 和地区 j 之间的人均地区生产总值（记为 $pgdp$），此处利用省 i 的人均地区生产总值和省 j 的人均地区生产总值之间的差的绝对值的倒数来衡量，即 $1/|pgdp_i-pgdp_j|$，具体公式为：

$$W=\begin{pmatrix} 0 & 1/|pgdp_1-pgdp_2| & 1/|pgdp_1-pgdp_3| & \cdots \\ 1/|pgdp_2-pgdp_1| & 0 & 1/|pgdp_2-pgdp_3| & \cdots \\ \cdots & \cdots & \cdots & \cdots \\ 1/|pgdp_m-pgdp_1| & 1/|pgdp_m-pgdp_2| & 1/|pgdp_m-pgdp_3| & \cdots \end{pmatrix} \quad (6.5)$$

$$W_{i,j}=\begin{cases} 1/|pgdp_i-pgdp_j| & i\neq j \\ 0 & i=j \end{cases} \quad (6.6)$$

式（6.5）和（6.6）中，$pgdp_i$ 和 $pgdp_j$ 分别表示两个省份样本期间人均地区生产总值发展的水平，计算后还进行了标准化处理。

6.1.2 全局空间自相关

数字经济和经济高质量发展之间是否存在空间依赖性，是进行空间研究之前必须要确定的问题，也就是空间自相关。空间相关性的测量是由 *Moran*（1948）和 *Geary*（1954）提出的，可以通过 *Moran's I* 指数和 *Gearcy' C* 指数等进行检验。结合第 5 章的分析和数据的可得性，笔者采用经济距离权重矩阵对 30 个省份的数字经济和区域经济高质量发展的空间相关性进行全局和局部的 *Moran's I* 分析。计算 *Moran's I* 指数的公式如下：

$$Moran's\ I_{i,t}=\frac{n\sum_{i=1}^{n}\sum_{j=1}^{n}W_{ij}(Y_i-\bar{Y})(Y_j-\bar{Y})}{S^2\sum_{i=1}^{n}\sum_{j=1}^{n}W_{ij}} \quad (6.7)$$

$$S^2=\frac{1}{n}\sum_{i=1}^{n}(Y_i-\bar{Y})^2$$
$$\bar{Y}=\frac{1}{n}\sum_{i=1}^{n}Y_i \quad (6.8)$$

其中，Y_i 表示第 i 个省份的数字经济或者经济高质量发展的观测值，Y_j 表示第 j 个省份的数字经济或经济高质量发展的观测值，n 为样本总数，$W_{i,j}$ 为空间权重矩阵。全局 $Moran's\ I$ 反映的是研究变量空间关联程度的总体特征。全局 $Moran's\ I$ 取值范围是 $[-1,1]$。

$Moran's\ I > 0$ 时表示各地区之间具有空间正相关性,其绝对值越大,表明各地区之间的空间相关性越明显。

$Moran's\ I < 0$ 时表示各地区之间具有空间负相关性,其绝对值越小,表明各地区之间的空间差异越大。

$Moran's\ I = 0$ 时表示各地区之间的空间相关性呈随机性。

(1)数字经济

根据式(6.7)和(6.8),可以计算得出 2011—2019 年各地区之间数字经济的 $Moran's\ I$ 值(见表 6.1)。各省的 $Moran's\ I$ 值均大于 0,2011—2017 年各省 Z 值都通过了显著性检验,表明 2011—2017 年各省数字经济都呈现出显著的空间正相关关系。2018 年和 2019 年各省 Z 值没有通过显著性检验,表明 2018—2019 年各省数字经济不一定具有空间相关关系。表 6.1 是 2011—2019 年中国各省数字经济的空间相关性检验结果。

表 6.1 2011—2019 年中国各省数字经济的空间相关性检验

年份	$Moran's\ I$	$Z(I)$	P-value
2011 年	0.267	2.613	0.004
2012 年	0.377	3.474	0.000
2013 年	0.327	3.086	0.001
2014 年	0.274	2.558	0.005
2015 年	0.158	1.619	0.053
2016 年	0.126	1.397	0.081
2017 年	0.141	1.403	0.080
2018 年	0.075	0.861	0.195
2019 年	0.024	0.456	0.324

从表6.1来看,2011—2017年数字经济的空间自相关在0.126以上,2012年达到了0.377,这些年份的 *Moran's I* 显著且为正,表明中国各省数字经济发展水平空间自相关性较高。2018年和2019年的 *Moran's I* 没有通过显著性水平检验,表明数字经济的发展水平不一定具有空间自相关性。从全局 *Moran's I* 的趋势来看,2011—2017年的空间自相关性总体从2012年开始是在减弱的,自相关性最高的是2012年,*Moran's I* 为0.377;最低的是2016年,*Moran's I* 为0.126;2017年有所回暖,*Moran's I* 为0.141。不同省份的发展速度不同,再加上地区差异政策影响,地域的空间关联程度逐渐降低。

图6.1　2011—2019年中国各省数字经济空间相关性(莫兰指数)趋势图

为了更直观地展现数字经济发展全局 *Moran's I* 情况,笔者根据表6.1的数据编制了数字经济空间相关性 *Moran's I* 趋势图。从图6.1可以明显地发现,2011—2012年数字经济 *Moran's I* 是上升的,因为数字经济在发展初期的发展速度非常快,但是2012—2016年数字经济 *Moran's I* 直线下降,2016—2017年有所回暖,2018年和2019年不确定是否具有空间相关性,数字经济发展的空间相关性整体呈下降的趋势。这可能是因为随着数字经济的发展步伐加快,数字经济的基础环境和创新环境没有跟上,所以相关性越来越弱。

(2)经济高质量发展

根据式(6.7)和(6.8),运用同样的方法可以计算得出2011—2019年各省之间经济高质量发展的 $Moran's\ I$ 值(见表 6.2)。各省的 $Moran's\ I$ 值均为正,2011—2019 年各省 Z 值都通过了显著性检验,表明各省经济高质量发展都呈现出显著的空间正相关关系。表 6.2 是 2011—2019 年中国各省经济高质量发展的空间相关性检验结果。

表 6.2　2011—2019 年中国各省经济高质量发展的空间相关性检验

年份	$Moran's\ I$	$Z(I)$	P-value
2011 年	0.569	4.774	0.000
2012 年	0.565	4.719	0.000
2013 年	0.546	4.538	0.000
2014 年	0.534	4.491	0.000
2015 年	0.509	4.309	0.000
2016 年	0.479	4.219	0.000
2017 年	0.491	4.163	0.000
2018 年	0.408	3.524	0.000
2019 年	0.386	3.547	0.000

从表 6.2 来看,2011—2019 年经济高质量发展的空间自相关在 0.386 以上,2011—2019 年的 $Moran's\ I$ 在 1% 的显著性水平上显著且为正,表明中国经济高质量发展水平存在明显的空间自相关性,并且相关性非常高。从全局的 $Moran's\ I$ 来看,2011—2019 年的空间自相关性总体都比较相关,自相关性最高的是 2011 年, $Moran's\ I$ 为 0.569;最低的是 2019 年, $Moran's\ I$ 为 0.386。不同省份的发展速度不同,再加上地区政策差异影响,地域间的空间关联程度逐渐降低。

为了更直观地展现经济高质量发展全局 $Moran's\ I$ 情况,笔者根据表 6.2 的数据编制了 $Moran's\ I$ 趋势图。图 6.2 可以明显地发现,2011—2019 年经济高质量发展的空间相关性整体有下降的趋势。这主要是因为在经济循序渐进的发展过程中,可能受到了因素的影响,所以相关性越来越弱。

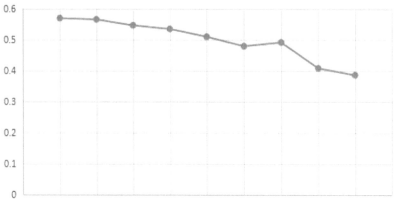

图 6.2 2011—2019 年中国各省经济高质量发展空间相关性(莫兰指数)趋势图

全局空间自相关 *Moran's I* 无法说明地区之间的异质性,接下来将通过 4 个年份的莫兰散点图对中国数字经济和区域经济高质量发展水平进行空间相关性分析,用来进一步衡量每个区域与周边地区的局部空间关联、空间差异程度和空间分布格局。

6.1.3 局部空间自相关

为进一步衡量各省与省内其他城市间的空间相关性和空间差异程度,本章接下来采用 4 个 *Moran's I* 散点图对数字经济发展水平进行局部空间自相关检验。局部 *Moran's I* 可以用 *Moran's I* 散点图表示空间差异程度和空间分布格局。局部 *Moran's I* 具体公式如下:

$$I_i = Z_i \sum_{j=1}^{n} W_{ij} Z_{ij} \tag{6.9}$$

其中,$Z_i = Y_i - \bar{Y}$。通过局部 *Moran's I* 散点图可以将各省空间关联分为 4 类,分别是第一象限(HH,高高型集聚)和第三象限(LL,低低型集聚)表示空间正相关性,第二象限(LH,低高型集聚)和第四象限(HL,高低型集聚)表示空间负相关性。

(1)数字经济

图 6.3 是 2011 年、2014 年、2016 年、2019 年中国数字经济发展莫兰散点图

（图中的数字代号具体指代如下：1—北京、2—天津、3—河北、4—山西、5—内蒙古、6—辽宁、7—吉林、8—黑龙江、9—上海、10—江苏、11—浙江、12—安徽、13—福建、14—江西、15—山东、16—河南、17—湖北、18—湖南、19—广东、20—广西、21—海南、22—重庆、23—四川、24—贵州、25—云南、26—陕西、27—甘肃、28—青海、29—宁夏、30—新疆）。通过莫兰散点图分布状况可以看出，各地区不同年份的点位分布区分较大，其中 2019 年的线性拟合较为一般。总体来看，集聚于第三象限的地区较多，其次是第一象限，其中 2011 年没有地区位于第四象限。

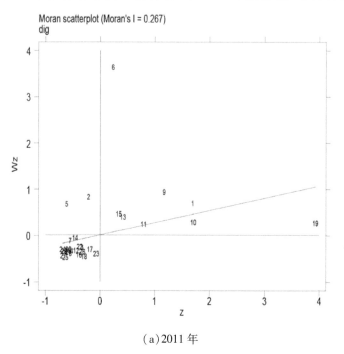

（a）2011 年

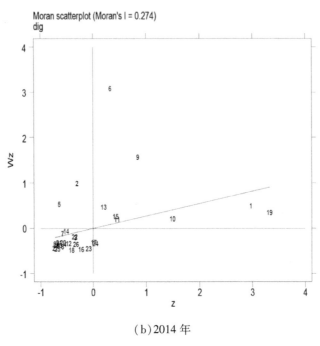

（b）2014 年

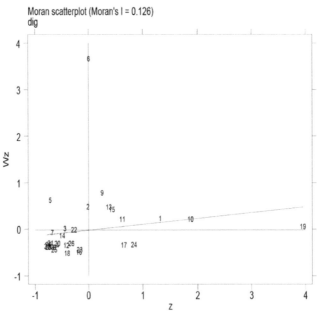

（c）2016 年

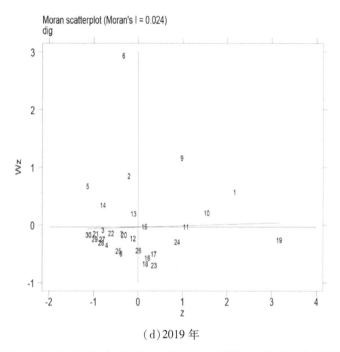

(d)2019 年

图 6.3　2011 年、2014 年、2016 年、2019 年中国数字经济发展莫兰散点图

图 6.3 样本期内第三象限的省份最多,其次是第一象限,第四象限和第二象限内的省份较少。其中第一象限大部分是东部省份,说明数字经济发展水平较高的地区集中在东部;西部地区几乎都在第三象限,说明数字经济发展水平较低的地区聚集在西部,体现了中国数字经济发展两极聚集的现状。这和前文的结论一致,在一定程度上说明中国数字经济发展显现"马太效应"。发展速度快的省份聚集在一起,并且发展速度越来越快,而发展速度慢的省份发展越来越慢,这就造成了区域间空间相关性趋于减弱。东部省份具有相同的发展趋势。天津邻近北京、内蒙古拥有富饶的资源,即使天津和内蒙古有独特的地理优势和资源禀赋,数字经济发展优于周围省份,但从空间关联度来看依旧处于第二象限。横向对比不同年份,大部分省份没有较大浮动,说明中国数字经济发展总体较为平稳。

总体来说,中国数字经济发展存在空间自相关性和空间异质性。空间分布极度不均衡,不同区域已经形成比较稳定的空间格局。这种格局的形成和中国的地理特征和历史特征息息相关。那么应该更加重视空间分布的不平衡,并通过数字经济发展水平高的地区带动发展水平低的地区,从而提升中国数字经济整体发展水平。

（2）经济高质量发展

图 6.4 是 2011 年、2014 年、2016 年、2019 年中国经济高质量发展莫兰散点图。通过莫兰散点图分布状况可以看出,散点集中分布在第一象限、第二象限、第三象限。从整体趋势来看,大部分点位集中在第一、第三象限,其中 2011 年和 2014 年均没有省份位于第四象限。样本期内第三象限的省份最多,其次就是第一象限,第四象限内的省份较少。其中第一象限大部分是东部省份,说明经济高质量发展水平较高的地区集中在东部;西部地区几乎都在第三象限,说明经济高质量发展水平较低的地区聚集在西部,体现了中国经济高质量发展两极聚集的现状。这和前文的结论一致,在一定程度上说明中国经济发展显现"马太效应"。另外东部省份具有相同的发展趋势。西部地区中四川和重庆由于独特的地理优势和资源禀赋,虽然经济发展质量高于周围省份,但从空间关联度来看依旧处于第三象限。横向对比不同年份,大部分省份没有较大浮动,说明中国经济高质量发展总体较为平稳。

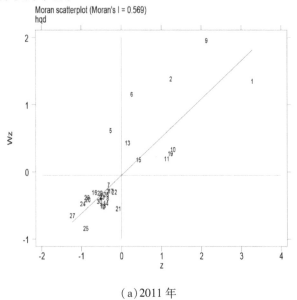

（a）2011 年

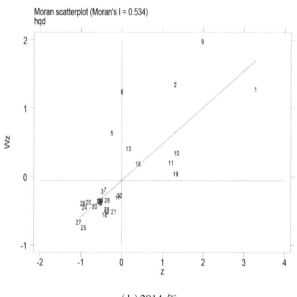

（b）2014 年

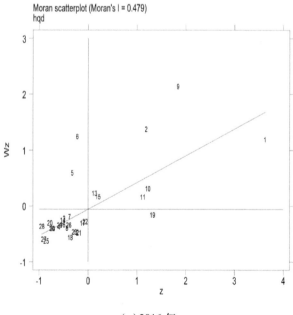

（c）2016 年

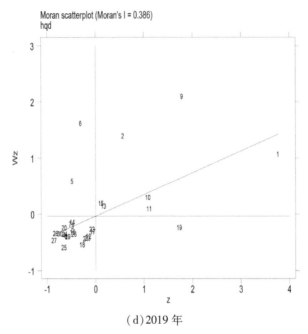

（d）2019 年

图 6.4　2011 年、2014 年、2016 年、2019 年中国经济高质量发展莫兰散点图

　　总体来说，中国经济高质量发展存在空间自相关性和空间异质性。空间分布极度不均衡，不同区域已经形成比较稳定的空间格局。这种格局的形成和中国的地理特征和历史特征息息相关。接下来应该更加重视空间分布不平衡，并通过经济高质量发展水平高的地区带动发展水平低的地区，从而提升中国经济高质量发展整体水平。

6.2 模型的构建

6.2.1 模型的设定

　　本部分主要测度空间效应，其中空间相关性主要表现在两个方面，分别是误差项的滞后项和因变量的滞后项。首先详细分析空间滞后模型、空间误差模型和空间杜宾模型。接着通过 LM 的检验结果进行分析，选择合适的空间计量模型就数字经济对经济高质量发展的空间效应进行研究。

　　（1）空间滞后模型

　　空间滞后模型包含了时间滞后效应，所以并不是一种纯静态的分析。空间

滞后模型即某个省份的经济高质量发展受相邻省份经济高质量发展产生的影响,空间滞后模型回归形式如下:

$$y = \lambda Wy + X\beta + \mu, \mu \sim N(0, \sigma^2 I_n) \tag{6.10}$$

式(6.10)中,y 为被解释变量,λ 为空间自回归系数,主要是度量 Wy 对 y 的影响,X 为 $n \times k$ 数据矩阵,包括 k 列解释变量,β 为相应系数,μ 为随机误差项向量。

结合表 6.3 空间面板模型的 LM 检验结果选择空间滞后模型。

(2)空间误差模型

空间误差模型能够获得传统 OLS 回归模型计算得到的残差中内在的空间结构信息。也就是分析相邻省份经济高质量发展的误差影响,即相邻省份不可观测的因素对本省经济高质量发展的影响。空间误差模型回归形式为:

$$y = X\beta + u \tag{6.11}$$

其中扰动项的生成过程为

$$u = \rho Wu + \varepsilon, \ \varepsilon \sim N(0, \sigma^2 I_n) \tag{6.12}$$

式(6.12)中,W 为空间权重矩阵,u 用来衡量空间依赖性,ε 为随机误差项向量,ρ 为空间误差回归系数。

(3)空间杜宾模型

空间杜宾模型是空间滞后模型和空间误差模型的组合扩展形式,可以通过对空间滞后模型和空间误差模型增加相应的约束条件设立。其回归形式为:

$$y = X\beta + WX\delta + \varepsilon \tag{6.13}$$

$$y = \lambda Wy + X\beta + WX\delta + \varepsilon \tag{6.14}$$

式(6.13)和式(6.14)中,$WX\delta$ 表示来自相邻省份自变量的影响,δ 为其他自变量对某一省份观测值相应的系数向量,λ 用来度量本省自变量对观测值的影响,是其空间自回归系数,ε 为随机误差项向量。

6.2.2 空间面板计量模型选择

空间滞后模型、空间误差模型和空间杜宾模型各有特色,不同的文献对于模型的选择方法不同。结合相关文献研究,根据 Anselin(2014)提出的空间面板的拉格朗日(Lagrange)乘子检验(LM),笔者依照 Elhorst(2014)的检验思路进行 LM 检验,结合 LM 检验的结果来选择空间计量模型。对于线性回归模型,一般都是建立辅助回归,根据辅助回归的可决系数构造统计量进行检验,并不是拉格朗日乘子统计量的原理。在进行空间面板数据分析后,根据 *LM-Err*、*LM-Lag*、*Robust LM-Err*、*Robust LM-Lag* 的显著情况来选择是空间滞后模型、空间误差模型,还是空间杜宾模型。首先看 *LM-Lag*、*LM-Err* 检验结果显著性情况,若只有 *LM-Err* 显著,则选择空间误差模型,若只有 *LM-Lag* 显著,则选择空间滞后模型。若两者均不显著,则选择 OLS 模型,若两者均显著,则进一步看 *Robust LM-Err*、*Robust LM-Lag* 的显著情况。若只有 *Robust LM-Lag* 显著,则选择空间滞后模型,若只有 *Robust LM-Err* 显著,则选择空间误差模型,若 *Robust LM-Lag*、*Robust LM-Err* 都显著,则选择空间杜宾模型。

笔者使用第5章的实证数据进行空间效应研究,进行 LM 检验。结合表6.3 的检验结果,可以得到,在地理权重矩阵下,*Moran's I* 的 P 值在1%的水平下显著,*LM-Err* 不显著,*Robust LM-Err* 也不显著,所以不能选择空间误差模型。*LM-Lag* 在1%的水平下显著,*Robust LM-Lag* 也在1%的水平下显著,所以可以选择空间滞后模型。在经济距离权重矩阵下,*Moran's I* 的 P 值不显著,*LM-Err* 不显著,*Robust LM-Err* 也不显著,则不能选择空间误差模型。*LM-Lag* 在1%的水平下显著,*Robust LM-Lag* 也在1%的水平下显著,所以可以选择空间滞后模型。在邻接权重矩阵下,*Moran's I* 的 P 值不显著,*LM-Err* 在10%的水平下显著,*Robust LM-Err* 在1%的水平下显著,则不能选择空间误差模型。*LM-Lag* 在1%的水平下显著,*Robust LM-Lag* 也在1%的水平下显著,所以可以选择空间滞后模型。笔者结合地理权重矩阵、经济距离权重矩阵和邻接权重矩阵对数字经济和经济高质量发展进行 LM 检验,并根据3个矩阵的检验结果,选择空间滞后模型对数字经济对区域经济高质量发展水平的空间效应进行检验,具体见表6.3 空间面板模型的 LM 检验结果。

表 6.3 空间面板模型的 LM 检验

LM 检验	邻接权重矩阵		地理权重矩阵		经济距离权重矩阵	
	系数	P 值	系数	P 值	系数	P 值
Moran's I	−0.308	1.242	2.0e+0.4	0.000	1.108	0.268
LM−Err	3.612	0.057	1.551	0.213	0.967	0.325
Robust LM−Err	6.922	0.009	0.474	0.491	0.465	0.495
LM−Lag	7.146	0.008	8.676	0.003	25.196	0.000
Robust LM−Lag	10.457	0.001	7.598	0.006	24.694	0.000

空间滞后模型检验了数字经济对经济高质量发展的直接效应和间接效应。根据第 4 章测算的数字经济发展指数 *dig* 和经济高质量发展指数 *hqd*,构建如下空间面板数据模型:

$$hqd_{i,t} = \alpha + \lambda Whqd_{i,t} + \beta X_{i,t} + c_t + a_i + \varepsilon_{i,t} \qquad (6.15)$$

$$X_{i,t} = (dig_{i,t}, is_{i,t}, rd_{i,t}, urb_{i,t}, edu_{i,t}, inf_{i,t}, gov_{i,t}, lner_{i,t}, ene_i, fdi_{i,t}) \qquad (6.16)$$

式(6.15)中,α 为截距项,λ 为地区经济高质量发展指数的空间滞后项系数;W 为数字经济发展指数在空间溢出过程中的空间权重矩阵,c_t 表示时间固定效应,a_i 表示空间固定效应,i 表示样本省级数量,t 表示 2011—2019 年的时间区间。其中核心解释变量是数字经济发展指数(*dig*),中介变量和控制变量与第 5 章一致,有产业结构(*is*)、技术创新(*rd*)、外商直接投资(*fdi*)、城镇化水平(*urb*)、人力资本水平(*edu*)、基础设施(*inf*)、政府支持力度(*gov*)、环境规制强度(*lner*)、能源结构(*ene*)。其中数据来源也和第 5 章一致。

6.3 实证结果分析

通过空间滞后模型时间和空间双固定效应,对全国 30 个省份的数据在邻接权重矩阵、地理权重矩阵和经济距离权重矩阵下分别进行估计。综合 *rho*、*R-squared* 和 *Log-likehihood* 等显著性情况作选择。从显著性情况分析,邻接权重矩阵、地理权重矩阵和经济距离权重矩阵的检验结果都显示最优,所以经过综合考虑,笔者采用邻接权重矩阵、地理权重矩阵和经济距离权重矩阵下的空间滞后模型进行实证研究。

表 6.4　空间面板计量估计结果

变量	邻接权重矩阵	地理权重矩阵	经济距离权重矩阵
rho	0.2433*** (3.44)	0.2655*** (3.57)	0.2428*** (2.96)
R-squared	0.9409	0.9414	0.9403
Log-likehihood	59.5249	60.3774	57.9563

注：***、**和*分别表示P＜0.01,P＜0.05,P＜0.1,即分别在1%、5%和10%的水平上显著。

（1）邻接权重矩阵

在模型估计之前,需要对建立的空间滞后模型进行 Hausman 检验,来确定采用固定效应模型还是随机效应模型。在邻接权重矩阵下进行 Hausman 检验,结果 chi2 为 26.54,由于 P 值为 0.0017,通过了 1% 的显著性检验,所以本书选择固定效应模型。

从表 6.5 来看,核心解释变量数字经济发展指数在 1% 的水平下通过了直接效应（LR-Direct）、间接效应（LR-Indirect）、总效应（LR-Total）的显著性检验且为正,*rho* 为 0.2433,说明数字经济对经济高质量发展具有正向的空间溢出效益,不仅可以促进本省的经济高质量发展,同时对周边地区也有空间溢出效应。当数字经济发展指数提高 1 个百分点,可以带动本省经济高质量发展指数增加 2.1808 个百分点,其中直接效应系数为 2.2309,间接效应系数为 0.6860,总效应系数为 2.9170。中介变量和控制变量方面,产业结构、技术创新、基础设施均通过了 1% 水平的显著性检验且为正,说明这三者对经济高质量发展都有空间溢出效益;环境规制强度、能源结构通过了 5% 的显著性检验,其中环境规制强度系数为正,能源结构系数为负。

表 6.5　邻接权重矩阵下的空间面板估计结果

变量	（1）	（2）	（3）	（4）	（5）	（6）
	Main	Spatial	Variance	LR-Direct	LR-Indirect	LR-Total
dig	2.1808***			2.2309***	0.6860***	2.9170***
	（5.23）			（5.18）	（2.61）	（5.07）
is	0.9882***			0.9886***	0.2974***	1.2861***
	（3.54）			（3.58）	（2.57）	（3.77）
rd	0.0519***			0.0534***	0.0164***	0.0698***
	（6.46）			（6.95）	（2.77）	（6.66）
urb	0.0165			0.0168	0.0047	0.0216
	（1.08）			（1.13）	（1.00）	（1.13）
edu	−14.8424			−15.0613	−4.6540	−19.7154
	（−0.94）			（−0.98）	（−0.89）	（−0.98）
inf	0.0511***			0.0523***	0.01646**	0.0688***
	（3.52）			（3.66）	（2.10）	（3.40）
gov	−2.0082*			−1.9890*	−0.6172	−2.6062*
	（−1.84）			（−1.75）	（−1.42）	（−1.73）
lner	0.0661**			0.0668**	0.0212	0.0881**
	（2.10）			（2.25）	（1.57）	（2.14）
ene	−0.6633**			−0.6528**	−0.1965*	−0.8497**
	（−2.35）			（−2.23）	（−1.94）	（−2.38）
fdi	0.4733			0.4961*	0.1524	0.6485
	（1.62）			（1.64）	（1.35）	（1.62）
rho		0.2433***				
		（3.44）				
Sifma2_e			0.3714***			
			（3.5）			
Observa-tions	270	270	270	270	270	270

续表

变量	（1）	（2）	（3）	（4）	（5）	（6）
	Main	Spatial	Variance	LR-Direct	LR-Indirect	LR-Total
R-squared	0.9409	0.9409	0.9409	0.9409	0.9409	0.9409
Number of region	30	30	30	30	30	30

注：＊＊＊、＊＊和＊分别表示 P＜0.01，P＜0.05，P＜0.1，即分别在 1%、5% 和 10% 的水平上显著。括号内为稳健标准误下的 t 值。下表同。

（2）地理权重矩阵

在地理权重矩阵下进行 Hausman 检验，结果 chi2 为 25.88，由于 P 值为 0.0039，在 1% 的水平下通过显著性检验，故拒绝原假设，应该选择固定效应模型，而非随机效应模型，检验结果如下。

表6.6 地理权重矩阵下的空间面板估计结果

变量	（1）	（2）	（3）	（4）	（5）	（6）
	Main	Spatial	Variance	LR-Direct	LR-Indirect	LR-Total
dig	2.1005＊＊＊			2.1455＊＊＊	0.7508＊＊＊	2.8963＊＊＊
	（5.02）			（4.97）	（2.62）	（4.89）
is	0.9446＊＊＊			0.9427＊＊＊	0.3235＊＊	1.2662＊＊＊
	（3.39）			（3.42）	（2.50）	（3.58）
rd	0.0521＊＊＊			0.0534＊＊＊	0.0187＊＊＊	0.0722＊＊＊
	（6.38）			（6.84）	（2.75）	（6.41）
urb	0.0156			0.0159	0.0051	0.0211
	（1.05）			（1.10）	（0.97）	（1.09）
edu	−18.8493			−19.0442	−7.0175	−26.0617
	（−1.14）			（−1.19）	（−1.06）	（−1.18）
inf	0.0504＊＊＊			0.0514＊＊＊	0.01828＊＊	0.0697＊＊＊
	（3.46）			（3.59）	（2.17）	（3.41）

续表

变量	（1）Main	（2）Spatial	（3）Variance	（4）LR-Direct	（5）LR-Indirect	（6）LR-Total
gov	-2.2066**			-2.1847*	-0.7868	-2.9716*
	(-1.96)			(-1.86)	(-1.45)	(-1.81)
lner	0.0652**			0.0660**	0.0238	0.0898**
	(2.03)			(2.18)	(1.57)	(2.08)
ene	-0.6542**			-0.6401**	-0.2214**	-0.8615**
	(-2.30)			(-2.28)	(-1.88)	(-2.30)
fdi	0.4615			0.4820*	0.1641	0.6461*
	(1.61)			(1.65)	(1.4)	(1.65)
rho		0.2655***				
		(3.57)				
Sifma2_e			0.3696***			
			(3.54)			
Observations	270	270	270	270	270	270
R-squared	0.9414	0.9414	0.9414	0.9414	0.9414	0.9414
Number of region	30	30	30	30	30	30

从表 6.6 来看,核心解释变量数字经济发展指数在 1%的水平下通过了直接效应、间接效应、总效应的显著性检验且为正,*rho* 为 0.2655,说明数字经济对经济高质量发展具有正向的空间溢出效益,不仅可以促进本地区的经济高质量发展,同时对周边地区也有空间溢出效应。当数字经济发展指数提高 1 个百分点,可以带动本地区经济高质量发展指数增加 2.1005 个百分点,其中直接效应系数为 2.1455,间接效应系数为 0.7508,总效应系数为 2.8963。控制变量方面,产业结构、技术创新、基础设施均通过了 1%水平的显著性检验且为正,说明这三者对经济高质量发展都有空间溢出效益,这点和邻接权重矩阵的估计结果一致。政府支持力度、环境规制强度、能源结构均通过了 5%的显著性检验,其中环境规制强度系数为正,政府支持力度和能源结构系数为负。

（3）经济距离权重矩阵

在经济距离权重矩阵下进行 Hausman 检验,检验结果 chi2 为 42.57,由于 P 值为 0.0000,在 1%的水平下通过显著性检验,故拒绝原假设,应该选择固定效应模型,而非随机效应模型,检验结果如下。

表 6.7　经济距离权重矩阵下的空间面板估计结果

变量	（1）Main	（2）Spatial	（3）Variance	（4）LR-Direct	（5）LR-Indirect	（6）LR-Total
dig	2.1075*** (5.20)			2.1664*** (5.13)	0.6518** (2.17)	2.8183*** (4.67)
is	0.9463*** (3.03)			0.9483*** (3.13)	0.2629*** (2.76)	1.2113*** (3.62)
rd	0.0518*** (6.17)			0.0535*** (6.74)	0.0158** (2.55)	0.0693*** (6.98)
urb	0.0205* (1.66)			0.0216* (1.74)	0.0065 (1.32)	0.0281* (1.71)
edu	-16.6080 (-0.97)			-16.0602 (-0.94)	-4.6971 (-0.79)	-20.7574 (-0.92)
inf	0.0494*** (3.42)			0.0500*** (3.29)	0.0144** (2.28)	0.0645*** (3.48)
gov	-1.5102 (-1.30)			-1.4741 (-1.26)	-0.4085 (-1.10)	-1.8827 (-1.26)
lner	0.0648** (2.28)			0.0681** (2.36)	0.0220 (1.45)	0.0901** (2.15)
ene	-0.6107** (-2.03)			-0.6181** (-2.12)	-0.1704* (-1.85)	-0.7886*** (-2.23)
fdi	0.4415 (1.46)			0.4456 (1.45)	0.1268 (1.20)	0.5724 (1.44)
rho		0.2428*** (2.96)				

续表

变量	（1）	（2）	（3）	（4）	（5）	（6）
	Main	Spatial	Variance	LR-Direct	LR-Indirect	LR-Total
$Sifma2\_e$			0.0374*** (3.38)			
$Observations$	270	270	270	270	270	270
$R\text{-}squared$	0.9403	0.9403	0.9403	0.9403	0.9403	0.9403
$Number\ of\ region$	30	30	30	30	30	30

从表 6.7 来看,核心解释变量数字经济发展指数在 1% 的水平下通过了直接效应、间接效应、总效应的显著性检验且为正,rho 为 0.2428,说明数字经济对经济高质量发展具有正向的空间溢出效应,不仅可以促进本地区的经济高质量发展,同时对周边地区也有空间溢出效应。当数字经济发展指数提高 1 个百分点,可以带动本地区经济高质量发展指数增加 2.1075 个百分点,其中直接效应系数为 2.1664,间接效应系数为 0.6518,总效应系数为 2.8183。控制变量方面,产业结构、技术创新、基础设施均通过了 1% 水平的显著性检验且为正,说明这三者对经济高质量发展都有空间溢出效益,这点和邻接权重矩阵、地理权重矩阵的估计结果一致。环境规制强度、政府支持力度和能源结构均通过了 5% 的显著性检验,其中环境规制强度系数为正,政府支持力度和能源结构系数为负,这点和地理权重矩阵的估计结果一致。

6.4 中介效应检验

6.4.1 中介效应模型构建

在第 3 章的机制分析中得出数字经济通过产业结构、技术创新和外商直接投资间接影响经济高质量发展。为了检验这一机制,笔者通过借鉴 Baron 和 Kenny(1986)、温忠麟和叶宝娟(2014)、张杰等(2016)、韩峰和阳立高(2020)的中介效应检验方法,构建递归模型来检验数字经济通过产业结构、技术创新和外商直接投资间接影响经济高质量发展这一传导机制。构建的中介效应模型为:

$$hqd_{i,t} = \alpha Whqd_{i,t} + \beta dig_{i,t} + \gamma con_{i,t} + \theta Wdig_{i,t} + \rho Wcon_{i,t} + \lambda_i + \mu_t + \varepsilon_{i,t} \qquad (6.17)$$

$$is_{i,t} = \alpha_1 Wis_{i,t} + \beta_1 dig_{i,t} + \gamma_1 con_{i,t} + \theta_1 Wdig_{i,t} + \rho_1 Wcon_{i,t} + \lambda_i + \mu_t + \varepsilon_{i,t} \qquad (6.18)$$

$$hqd_{i,t} = \alpha_2 Whqd_{i,t} + \beta_2 dig_{i,t} + \gamma_2 con_{i,t} + \theta_2 Wdig_{i,t} + \varphi Wis_{i,t} + \rho_2 Wcon_{i,t} + \lambda_i + \mu_t + \varepsilon_{i,t}$$

$$(6.19)$$

中介变量 $rd_{i,t}$ 和 $fdi_{i,t}$ 的中介效应模型与 $is_{i,t}$ 的中介效应模型一致,计算方法也一致。

其中,$hqd_{i,t}$ 表示 i 地区 t 时期的经济高质量发展指数;$dig_{i,t}$ 表示 i 地区 t 时期的数字经济发展指数;$con_{i,t}$ 为控制变量;$is_{i,t}$ 表示 i 地区 t 时期的产业结构水平;β、γ、β_1、γ_1、β_2、γ_2 为相应变量的回归系数;α、θ、ρ、α_1、θ_1、ρ_1、α_2、θ_2、ρ_2、φ 为相应变量的空间滞后系数;W 为空间权重矩阵,本章采用经济距离权重矩阵;λ_i 为个体固定效应,μ_t 为时间固定效应,$\varepsilon_{i,t}$ 为误差项。

6.4.2 检验结果分析

基于以上分析,本章以经济距离权重矩阵为主,根据三步法,结合式(6.17)、式(6.18)、式(6.19)分别对产业结构、技术创新和外商直接投资进行中介效应检验,得到以下结果:

(1)产业结构的中介机制检验

表6.8 产业结构的中介机制检验结果

Model	Variable	Main	Spatial	Variance	LR-Direct	LR-Indirect	LR-Total
式 (6.17) 第一步	dig	4.4054*** (10.52)			4.6643*** (10.64)	2.6566*** (5.21)	7.3209*** (9.41)
	rho		0.3955*** (8.51)				
	sigma2_e			0.0805*** (11.49)			
	R-squared	0.8735	0.8735	0.8735	0.8735	0.8735	0.8735

续表

Model	Variable	Main	Spatial	Variance	LR-Direct	LR-Indirect	LR-Total
式 (6.18) 第二步	*dig*	0.5281 *** (2.57)			0.5836 *** (2.58)	0.4609 ** (2.38)	1.0445 *** (2.6)
	rho		0.4896 *** (8.18)				
	sigma2_e			0.0193 *** (11.25)			
	R-squared	0.6987	0.6987	0.6987	0.6987	0.6987	0.6987
式 (6.19) 第三步	*dig*	3.9566 *** (10.47)			4.0111 *** (10.36)	0.8084 *** (2.9)	4.819 *** (9.61)
	is	1.0226 *** (8.96)			1.0278 *** (9.45)	0.2048 *** (3.19)	1.2326 *** (10.61)
	rho		0.1748 *** (3.41)				
	sigma2_e			0.6063 *** (11.59)			
	R-squared	0.9033	0.9033	0.9033	0.9033	0.9033	0.9033
	Observations	270	270	270	270	270	270
	Number of region	30	30	30	30	30	30

注：＊＊＊、＊＊和＊分别表示在 1%、5%和 10%水平下显著，下同。

从表 6.8 可以看出，式（6.17）中数字经济对经济发展质量的直接效应、间接效应和总效应均在 1%的水平上显著为正，空间溢出系数 *rho* 的值为 0.3955，说明本省（地区）对外省及周边地区具有明显的空间溢出效应。当本地区的数字经济发展指数提高 1 个百分点，对经济发展质量的直接效应的系数为 4.6643，间接效应的系数为 2.6566,总效应的系数为 7.3209。式(6.18)中数字经济对产业结构的直接效应、间接效应和总效应也均在 1% 的水平上显著为正,空间溢出系数 rho 的值为 0.4896,说明本省(地区)对外省及周边地区具有明显的空间溢出效应。当本地区的数字经济发展指数提高 1 个百分点,直接效应的系数为 0.5836,间接效应的系数为 0.4609,总效应的系数为 1.0445。式(6.19)的结果显示,数字经济和产业结构对经济发展质量的直接效应、间接效应和总效应均在 1% 的水平上显著为正,空间溢出系数 rho 的值分别为 0.1748,说明数字经济通过产业结构显著提高了本地区的经济发展质量,而且对周边省份的经济发展质量也有明显的空间溢出效应。

(2)技术创新的中介机制检验

本章接着运用经济距离权重矩阵,对式(6.17)、式(6.18)、式(6.19)进行技术创新的中介效应检验,得到的结果见表 6.9。

表 6.9　技术创新的中介机制检验结果

Model	Variable	Main	Spatial	Variance	LR-Direct	LR-Indirect	LR-Total
式 (6.17) 第一步	dig	4.4054*** (10.52)			4.6643*** (10.64)	2.6566*** (5.21)	7.3209*** (9.41)
	rho		0.3955*** (8.51)				
	sigma2_e			0.0805*** (11.49)			
	R-squared	0.8735	0.8735	0.8735	0.8735	0.8735	0.8735

续表

Model	Variable	Main	Spatial	Variance	LR-Direct	LR-Indirect	LR-Total
式 (6.18) 第二步	*dig*	26.224*** (7.07)			26.416*** (6.93)	1.5690 (0.83)	27.9855*** (6.51)
	rho		0.0568 (0.93)				
	sigma2_e			7.006*** (11.62)			
	R-squared	0.4048	0.4048	0.4048	0.4048	0.4048	0.4048
式 (6.19) 第三步	*dig*	2.923*** (7.42)			3.123*** (7.47)	1.9481*** (5.46)	5.0713*** (7.45)
	rd	0.0528*** (9.38)			0.0559*** (9.37)	0.0351*** (4.86)	0.0911*** (7.59)
	rho		0.4212*** (10.19)				
	sigma2_e			0.0603*** (11.5)			
	R-squared	0.8953	0.8953	0.8953	0.8953	0.8953	0.8953
	Observations	270	270	270	270	270	270
	Number of region	30	30	30	30	30	30

从表6.9可以看出,式(6.17)第一步的检验结果同表6.8一致。式(6.18)中数字经济对技术创新的直接效应和总效应均在1%的水平上显著为正,间接效应不显著。空间溢出系数 rho 的值为0.0568,说明本地区对周边地区技术创新具有空间溢出效应。当本地区的数字经济发展指数提高1个百分点,直接效应的系数为26.4164,总效应的系数为27.9855。式(6.19)的结果显示,数字经济

和技术创新对经济高质量发展的直接效应、间接效应和总效应均在1%的水平上显著为正,空间溢出系数 rho 的值为0.4212,说明数字经济通过技术创新显著提高了本地区的经济发展质量,而且对周边省份的经济发展质量也有明显的空间溢出效应。

(3)外商直接投资的中介机制检验

本章继续运用经济距离权重矩阵,对式(6.17)、式(6.18)、式(6.19)进行外商直接投资的中介效应检验,得到的结果见表6.10。

6.10　外商直接投资 F 的中介机制检验结果

Model	Variable	Main	Spatial	Variance	LR-Direct	LR-Indirect	LR-Total
式 (6.17) 第一步	dig	4.4054*** (10.52)			4.6643*** (10.64)	2.6566*** (5.21)	7.3209*** (9.41)
	rho		0.3955*** (8.51)				
	sigma2_e			0.0805*** (11.49)			
	R-squared	0.8735	0.8735	0.8735	0.8735	0.8735	0.8735
式 (6.18) 第二步	dig	0.4756*** (3.45)			0.5375*** (3.47)	0.5172*** (3.09)	1.0548*** (3.45)
	rho		0.5444*** (10.61)				
	sigma2_e			0.0089*** (11.24)			
	R-squared	0.4267	0.4267	0.4267	0.4267	0.4267	0.4267

续表

Model	Variable	Main	Spatial	Variance	LR-Direct	LR-Indirect	LR-Total
式 (6.19) 第三步	*dig*	3.8935*** (9.64)			3.9991*** (9.56)	1.322*** (3.86)	5.3211*** (8.71)
	fdi	1.0027*** (6.34)			1.0180*** (6.64)	0.3329*** (4.14)	1.351*** (7.11)
	rho		0.264*** (5.21)				
	sigma2_e			0.0718*** (11.56)			
	R-squared	0.8931	0.8931	0.8931	0.8931	0.8931	0.8931
	Observations	270	270	270	270	270	270
	Number of region	30	30	30	30	30	30

从表6.10可以看出,式(6.17)中数字经济对经济发展质量的影响同上。式(6.18)中数字经济对外商直接投资的直接效应、间接效应和总效应也均在1%的水平上显著为正,*R-squared* 为0.4267。空间溢出系数 *rho* 的值为0.5444,说明本地区对周边地区外商直接投资具有空间溢出效应。当本地区的数字经济发展指数提高1个百分点,直接效应的系数为0.5375. 间接效应的系数为0.5172,总效应的系数为1.0548。式(6.19)的结果显示,数字经济和外商直接投资对经济发展质量的直接效应、间接效应和总效应均在1%的水平上显著为正,*R-squared* 为0.8931,空间溢出系数 *rho* 的值为0.264,说明数字经济通过外商直接投资显著提高了本地区的经济发展质量,而且对周边地区的经济高质量发展也有明显的空间溢出效应。

(4)稳健性检验

本书应用邻接权重矩阵和地理权重矩阵对前文得出的结果进行稳健性检验,发现其与之前实证结果的显著性与方向性较为一致,因此结论具有一定的稳健性。限于篇幅,本章不再作详细分析。

6.5 异质性检验

(1)东、中、西三大地区空间滞后模型空间效应分析

结合前面的分析,中国不同的省份在产业结构、技术创新和外商直接投资方面都表现出异质性的特征,所以本章进一步结合东部、中部、西部地区进行空间滞后模型的估计,分析数字经济对经济高质量发展的异质性影响及其空间效应。具体的结果见表6.11不同地区空间效应分解估计结果。从表6.11可以得到,数字经济对经济高质量发展的估计结果具有明显的异质性特征。

第一,从东部地区来看,在直接效应中,数字经济在5%的水平上显著为正,说明数字经济对当地经济高质量发展具有直接促进作用,当数字经济发展指数提高1个单位,经济高质量发展指数提高1.3909个单位。控制变量中产业结构、技术创新、基础设施都通过了1%水平的显著性检验且为正。在间接效应中,数字经济在10%的水平上显著为正,说明数字经济对周边地区具有溢出效应,溢出系数为1.8661。产业结构、技术创新、人力资本水平都通过了1%水平的显著性检验且为正。在总效应中,数字经济在5%的水平上显著为正,产业结构、技术创新、人力资本水平、基础设施都通过了1%水平的显著性检验且为正。东部地区数字经济发展水平相对比较高,而且资本密集型企业都集聚流向东部地区。

表6.11 不同地区空间滞后模型空间效应分解估计结果

变量	东部地区			中部地区			西部地区		
	LR-Direct	LR-Indirect	LR-Total	LR-Direct	LR-Indirect	LR-Total	LR-Direct	LR-Indirect	LR-Total
dig	1.3909** (2.14)	0.4751* (1.94)	1.8661** (2.15)	1.3510*** (2.96)	0.8992*** (2.67)	2.2503*** (3.09)	1.3881*** (2.71)	0.4023 (1.57)	1.7905*** (2.63)
is	0.7152*** (4.46)	0.2475*** (3.03)	0.9628*** (4.27)	0.1563* (1.71)	0.1075 (1.47)	0.2638* (1.66)	0.3375*** (5.18)	0.0918** (2.55)	0.4294*** (8.21)
rd	0.0572*** (6.02)	0.0198*** (3.32)	0.0771*** (5.49)	0.0434*** (3.23)	0.0289*** (2.78)	0.0724*** (3.32)	0.0332 (1.09)	0.0115 (0.88)	0.0448 (1.07)
fdi	0.5953** (1.86)	0.1972* (1.83)	0.7925* (1.89)	0.3230 (0.86)	0.2364 (0.77)	0.5594 (0.83)	-0.0431 (-0.09)	-0.0186 (-0.11)	-0.0617 (-0.10)
gov	-0.7224 (-0.60)	-0.3046 (-0.66)	-1.0271 (-0.62)	2.6565* (1.92)	1.6467* (1.99)	4.3033** (2.03)	0.3503 (0.59)	0.0983 (0.50)	0.4487 (0.58)
edu	68.90** (2.44)	22.07*** (3.09)	90.98*** (2.65)	-44.54*** (-4.03)	-31.25** (-2.31)	-75.79*** (-3.28)	44.75*** (4.47)	13.58 (1.56)	58.33*** (3.55)
inf	0.0685*** (2.70)	0.0234** (2.39)	0.0919*** (2.72)	-0.0029 (-0.12)	-0.0020 (-0.11)	-0.0049 (-0.12)	-0.0093 (-0.62)	-0.0016 (-0.34)	-0.0109 (-0.58)
ene	-2.4741*** (-3.86)	-0.8541*** (-2.90)	-3.328*** (-3.79)	-0.3675* (-1085)	-0.2653 (-1.43)	-0.6329* (-1.69)	-0.1816 (0.62)	-0.0354 (-0.37)	-0.2171 (-0.58)
urb	-0.0339*** (-2.68)	-0.112*** (-2.89)	-0.045** (-2.85)	0.0700** (2.20)	0.04763* (1.82)	0.1176** (2.12)	0.0790*** (3.63)	0.0214** (2.11)	0.1005*** (4.26)
lner	0.0523** (2.34)	0.0187* (1.81)	0.0711** (2.22)	0.1003** (2.28)	0.0645** (2.44)	0.1648** (2.49)	0.0703** (2.54)	0.0184* (1.87)	0.0888*** (2.77)

第二,从中部地区来看,在直接效应中,数字经济在1%的水平上显著为正,说明数字经济对当地经济高质量发展具有直接促进作用。当数字经济发展指数提高1个单位,经济高质量发展指数提高1.3510个单位。技术创新通过了1%的显著性检验且为正,城镇化水平和环境规制强度通过了5%的显著性检验且为正,产业结构、政府支持力度通过了10%的显著性检验且为正。在间接效应中,数字经济在1%的水平上显著为正,说明数字经济对周边地区具有溢出效应,溢出系数为0.8992。技术创新和政府支持力度通过了1%的显著性检验且为正。在总效应中,数字经济在1%的水平上显著为正,技术创新通过了1%的显著性检验且为正,政府支持力度、城镇化水平和环境规制强度通过了5%的显著性检验且为正。

第三,从西部地区来看,在直接效应中,数字经济在1%的水平上显著为正,说明数字经济对当地经济高质量发展具有直接促进作用。当数字经济发展指数提高1个单位,经济高质量发展指数提高1.3881个单位。产业结构、人力资本水平和城镇化水平通过了1%的显著性检验且为正。在间接效应中,数字经济没有通过显著性检验,说明西部地区的数字经济发展水平不高,不存在溢出效应。在总效应中,数字经济在1%的水平上显著为正,产业结构、城镇化水平和环境规制强度通过了1%的显著性检验且为正。

结合东部、中部和西部地区的结果分析,数字经济对经济高质量发展的影响在不同的地区间存在明显的异质性特征,中部地区的溢出效应最强,其次是东部地区,而西部地区没有溢出效应,这也符合数字经济的发展现状。数字经济的发展在空间上产生明显的溢出效应,但是各地区政府都陆续公布了当地的数字经济发展战略和具体的政策,可能存在模仿的效应,那么在空间上就会产生传输作用,甚至可能会重复发展相同的产业形态和商业模式,形成重复的竞争机制。从控制变量来看,东部地区的能源结构和城镇化水平就存在负向的空间溢出效应。中部地区人力资本水平也存在负向的空间溢出效应。

(2)长江经济带、黄河流域经济带、"一带一路"经济带的空间效应分析

结合前面的分析,中国不同的省份在产业结构、技术创新和外商直接投资方

面都表现出异质性的特征,所以笔者进一步结合长江经济带、黄河流域经济带、"一带一路"经济带进行空间滞后模型的估计,分析数字经济对经济高质量发展的异质性影响及其空间效应。由表 6.12 可见,数字经济对经济高质量发展的估计结果具有明显的异质性特征。

第一,从长江经济带来看,在直接效应中,数字经济在 1% 的水平上显著为正,说明数字经济对当地经济高质量发展具有直接促进作用,当数字经济发展指数提高 1 个单位,经济高质量发展指数提高 1.4886 个单位。产业结构、技术创新、外商直接投资、城镇化水平和环境规制强度都通过了 1% 的显著性检验且为正。在间接效应中,数字经济在 1% 的水平上显著为正,说明数字经济对周边地区具有空间溢出效应,溢出系数为 1.0130。技术创新、产业结构、城镇化水平和环境规制强度都通过了 1% 的显著性检验且为正。在总效应中,数字经济在 1% 的水平上显著为正,控制变量中产业结构、技术创新、外商直接投资、城镇化水平和环境规制强度都通过了 1% 的显著性检验且为正。长江经济带数字经济发展水平相对比较高,尤其贵州是大数据中心,大大促进了数字经济的快速发展;上海是经济中心、江苏和浙江是沿海发达省份,数字经济广泛渗透到生产和生活的各个领域,参与要素流动的分配,不仅促进了当地经济的高质量发展,对邻近地区也带来了非常明显的空间溢出效应。

第二,从黄河流域经济带来看,在直接效应中,数字经济在 1% 的水平上显著为正,说明数字经济对当地经济高质量发展具有直接促进作用,当数字经济发展指数提高 1 个单位,经济高质量发展指数提高 3.7823 个单位。技术创新、外商直接投资、政府支持力度、城镇化水平、能源结构和环境规制强度都通过了 1% 的显著性检验且为正。在间接效应中,数字经济和其他控制变量都没有通过显著性检验。说明数字经济对周边地区没有空间溢出效应。在总效应中,数字经济在 1% 的水平上显著为正,技术创新、外商直接投资、政府支持力度、基础设施、能源结构和环境规制强度都通过了 1% 的显著性检验且为正。这说明黄河流域经济带数字经济整体发展水平不高,更加不具有空间溢出效应。

表 6.12 不同经济带空间滞后模型空间效应分解估计结果

变量	长江经济带			黄河流域经济带			"一带一路"经济带		
	LR-Direct	LR-Indirect	LR-Total	LR-Direct	LR-Indirect	LR-Total	LR-Direct	LR-Indirect	LR-Total
dig	1.4886*** (3.10)	1.0130*** (3.09)	2.5017*** (3.20)	3.7823*** (3.03)	-0.3800 (-0.75)	0.4022*** (3.26)	1.3909*** (2.14)	0.4751* (1.94)	1.8661** (2.15)
is	0.4615*** (3.46)	0.3133*** (3.56)	0.7749*** (3.65)	0.2918* (1.91)	-0.0298 (-0.67)	0.2620* (1.94)	0.7152*** (4.46)	0.2475*** (3.03)	0.9628*** (4.27)
rd	0.0224*** (5.15)	0.0155*** (3.90)	0.0379*** (4.85)	0.1233*** (5.69)	-0.0121 (-0.76)	0.1111*** (8.55)	0.0572*** (6.02)	0.0198*** (3.32)	0.0771*** (5.49)
fdi	1.1541*** (3.06)	0.8080** (2.48)	1.9621*** (2.86)	2.1689*** (6.59)	-0.1937 (-0.72)	1.9752*** (6.20)	0.5953* (1.86)	0.1972* (1.83)	0.7925* (1.89)
gov	-1.9053 (-1.32)	-1.3462 (-1.25)	-3.2515 (-1.30)	5.2131*** (5.02)	-0.5126 (-0.76)	4.700*** (6.45)	-0.7224 (-0.60)	-0.3046 (-0.66)	-1.0271 (-0.62)
edu	-32.8130 (-1.39)	-21.9231 (-1.36)	-54.7361 (-1.39)	-10.6910 (-0.36)	2.6834 (0.54)	-8.0076 (-0.30)	68.9076** (2.44)	22.0762*** (3.09)	90.9839*** (2.65)
inf	-0.0163 (-1.65)	-0.0116 (-1.51)	-0.0280 (-1.61)	0.0865*** (2.63)	-0.0094 (-0.77)	0.0771*** (2.95)	0.0685*** (2.70)	0.0234** (2.39)	0.0919*** (2.72)
ene	-0.7664* (-1.75)	-0.5150* (-1.71)	-1.2814* (-1.76)	0.8576*** (3.80)	-0.0859 (-0.76)	0.7716*** (4.44)	-2.4741*** (-3.86)	-0.8546*** (-2.90)	-3.3283*** (-3.79)
urb	0.0503*** (3.2)	0.03437*** (3.08)	0.0847*** (3.26)	0.0293 (0.85)	-0.0027 (-0.045)	0.0265 (0.84)	-0.0339*** (-2.68)	-0.0112*** (-2.89)	-0.0451*** (-2.85)
lner	0.1349*** (5.47)	0.0937*** (3.74)	0.2286*** (4.87)	0.1137*** (2.93)	-0.0117 (-0.73)	0.1020*** (3.35)	0.0523** (2.34)	0.0187* (1.81)	0.0711** (2.22)

第三,从"一带一路"经济带来看,在直接效应中,数字经济在 1% 的水平上显著为正,说明数字经济对当地经济高质量发展具有直接促进作用,当数字经济发展指数提高 1 个单位,经济高质量发展指数提高 1.3909 个单位。产业结构、技术创新、基础设施都通过了 1% 的显著性检验且为正,能源结构和城镇化水平都通过了 1% 的显著性检验,但是为负。在间接效应中,数字经济在 10% 的水平上显著为正,说明数字经济对周边地区具有很小的空间溢出效应。产业结构、技术创新、人力资本水平通过了 1% 的显著性检验且为正。在总效应中,数字经济在 5% 的水平上显著为正,控制变量中产业结构、人力资本水平和基础设施都通过了 1% 的显著性检验且为正。"一带一路"经济带总共包含 18 个省(区、市),由于数据可得性剔除了西藏,剩下的 17 个省(区、市)中上海、福建、广东、浙江相对而言经济发展水平较高,但是新疆、甘肃、宁夏、广西、青海等地区数字经济发展水平相对不高,且经济整体发展水平不高,所以整体的空间溢出效应不高。

结合长江经济带、黄河流域经济带和"一带一路"经济带的分析结果,数字经济对经济高质量发展的影响在地区上具有明显的异质性特征。数字经济的发展在长江经济带和"一带一路"经济带存在明显的空间溢出效应,比如能源结构和城镇化水平对周边地区产生了负的空间溢出效应。数字经济在黄河流域经济带不具有空间溢出效应。

6.6 本章小结

首先根据第 4 章对数字经济发展指数的测度结果和对经济高质量发展指数的测算结果,对测算结果进行了全局、局部空间自相关检验,接着进一步建立空间面板计量模型检验数字经济对区域经济高质量发展的空间效应,最后运用经济距离权重矩阵、邻接权重矩阵和地理权重矩阵对中介机制进行了检验,并分析了异质性特征,结论如下:

其一,从全局莫兰指数的趋势来看,不同省份数字经济的发展速度不一样,再加上不同地区政策差异影响,地域的空间关联程度逐渐降低。数字经济发展的空间相关性整体呈下降的趋势。不同地区的经济高质量发展速度不同,加上不同地区资源禀赋不一样,地域间的空间关联程度逐渐降低。

其二,从局部莫兰指数的趋势来看,中国数字经济发展存在空间自相关性和空间异质性。空间分布极度不均衡,不同区域已经形成比较稳定的空间格局。中国数字经济发展显现"马太效应"。发展速度快的省份聚集在一起,并且发展速度越来越快;而发展速度慢的省份发展越来越慢,这就造成了区域间空间相关性趋于减弱。中国经济质量发展水平较高的地区集中在东部,经济高质量发展水平较低的地区聚集在西部,体现了中国经济高质量发展两极聚集的现状。

其三,结合邻接权重矩阵、地理权重矩阵和经济距离权重矩阵分析,核心解释变量数字经济发展指数在1%的水平下通过了直接效应、间接效应、总效应的显著性检验且为正,说明数字经济对经济高质量发展具有正向的空间溢出效应,不仅可以促进本地区的经济高质量发展,同时对周边地区也有空间溢出效应。当数字经济发展指数提高1个百分点,可以带动本省区域经济高质量发展指数增加1—2个百分点,产业结构、技术创新和基础设施均通过了1%水平的显著性检验且为正,说明这三者对经济高质量发展都有空间溢出效益,这方面3个权重矩阵的估计结果一致。

其四,结合经济距离权重矩阵,笔者通过三步法,基于数字经济对经济高质量发展的中介机制进行了检验。根据检验的结果,得到数字经济通过产业结构、技术创新和外商直接投资促进了经济高质量发展。通过对东部、中部和西部地区以及长江经济带、黄河流域经济带和"一带一路"经济带进行空间滞后模型估计,也证明了数字经济的发展存在明显的异质性影响和空间溢出效应。

第7章

研究结论和政策建议

7.1 主要结论

在新一代信息技术的蓬勃发展推动下,回顾现有文献,本书主要聚焦数字经济与区域经济高质量发展这一研究主题的时空效应进行研究。2021年12月,国务院发布《"十四五"数字经济发展规划》,各省也纷纷出台了符合本省特色的数字经济发展战略和具体的发展规划。本书首先通过熵权法对中国2011—2019年数字经济发展水平进行评价,采用主成分分析法测度中国2006—2019年经济高质量发展水平,然后探讨了数字经济对区域经济高质量发展的理论机制并通过实证进行影响分析和空间效应分析,最后归纳出本书的研究结论,并对后续研究作出展望。

第一,数字经济对经济高质量发展具有影响和中介效应。本书基于数字经济对区域经济高质量发展的相关理论,结合新古典增长模型和内生增长模型构建Sol-End增长模型等,分析了数字经济对区域经济高质量发展的影响和中介效应。其中影响方面主要从直接影响、间接影响和空间影响三个方面来论证,中介效应主要从产业结构、技术创新和外商直接投资三个视角来论证。最后分别通过产业结构高级化合理化、提高生产效率、整合国际资源共同推动区域经济高质量的发展。

第二,不同区域数字经济的发展水平存在时空差异。本书使用2011—2019

年的指标数据,通过熵权法从四个维度(数字基础设施、数字产业化、产业数字化和数字经济发展环境)测算我国分区域、分省份的数字经济发展水平。结果发现:中国数字经济发展较快,十年时间已经有了翻天覆地的变化,但区域发展不均衡,较发达地区保持高位,欠发达地区增长迅速但是维持在较低水平,地区之间数字经济发展水平差异较大。如以广东、北京、上海、浙江为代表的较为发达地区数字经济起步早、发展平稳;以贵州、湖北、陕西、福建为代表的地区虽然数字经济起步晚、但后来居上,经过快速发展已经闯进中国数字经济发展水平第二梯队;以海南、内蒙古、新疆、宁夏、青海为代表的地区数字经济发展起步晚,增长慢。随着中国整体数字经济发展水平提高,数字经济阶梯分布有从沿海往内地转移的趋势。由于国家政策倾斜导致经济带(圈、区)资源倾斜力度不同、资源禀赋和区域位置差异等原因造成五大经济带(圈、区)数字经济发展水平差异较大,但是经济带(圈、区)内部数字经济发展差异小,这说明协同发展带动全国数字经济发展的战略是有效的,数字经济协调稳定发展成为中国经济高质量发展的基石。

第三,不同地区经济高质量发展水平具有时空差异。本书基于创新、协调、绿色、开放、共享的新发展理念,通过主成分分析法测算了2006—2019年经济高质量发展指数。结果发现:中国区域经济高质量发展水平整体呈现上升趋势,基本保持稳定、平衡、快速的发展状态,波动小,具有线性发展特征。从不同维度来看,区域间差异较大。比如2019年经济高质量发展指数最高的5个省(区、市)或直辖市是北京、上海、广东、浙江、江苏,这些省(区、市)除了首都北京外都处于沿海地区;最低的5个省(区、市)是山西、云南、新疆、青海、甘肃,这些省(区、市)大部分位于欠发达的西部地区。从空间分布来看,高质量发展阶梯性比较明显。从空间相关性来看,中国经济高质量发展水平存在明显的空间自相关性,并且相关较高,高值地区与低值地区在空间上聚集效应比较明显。

第四,数字经济通过产业结构、技术创新和外商直接投资促进经济高质量发展。本书基于2011—2019年全国30个省份的面板数据,在基准回归模型的基础上,以产业结构、技术创新和外商直接投资作为中介变量,结合理论基础分析数字经济促进经济高质量发展的作用机制。考虑到产业结构不同,数字经济对经济高质量发展的作用可能会产生异质性的作用效果。接着使用门槛回归模型进一步分析数字经济对经济高质量发展的影响作用。结果发现:数字经济通过产业结构、技术创新和外商直接投资间接驱动经济高质量发展,其中产业结构的中介效应强度最高,东、中、西部地区数字经济对经济发展质量的影响有一定差异。数字经济发展指数与经济发展质量之间具有非线性关系,当以产业结构作为门槛变量进行回归时,存在双重门槛结构,仔细分析后可以发现数字经济对经济发展质量的影响呈现"V"形态势,数字经济发展作用存在拐点。

第五,数字经济对经济高质量发展具有时空效应。首先,从全局莫兰指数的趋势来看,不同省份数字经济的发展速度不一样,再加上地区政策差异的影响,地域间的空间关联程度逐渐降低。从局部莫兰指数的趋势来看,中国数字经济发展存在空间自相关性和空间异质性。空间分布极度不均衡,不同区域已经形成比较稳定的空间格局。中国数字经济发展显现"马太效应"。中国经济质量发展水平较高的地区集中在东部,经济高质量发展水平较低的地区聚集在西部,说明两极聚集的状态在经济高质量发展中表现得非常明显。其次,数字经济发展指数对本省区域经济高质量发展通过了1%水平上的显著性检验,具有正向作用,可以直接促进本省经济高质量发展。从数字经济发展指数对应的直接效应、间接效应和总效应来看,通过了1%水平的显著性检验且为正,说明省内数字经济发展对周边地区的经济高质量发展也会带来正的显著影响。结合经济距离权重矩阵,本书通过三步法,基于数字经济对经济高质量发展的中介机制进行了检验,得到数字经济通过产业结构、技术创新和外商直接投资促进了经济高质量发展的结果。

7.2 政策建议

中国自改革开放以来,经济发展速度非常快,现在进入经济高质量发展阶段。数字经济在新一代数字技术的推动下,发展更为迅猛,是中国经济发展的一种新模式、新业态,颠覆了我们对传统经济的认识。同时,数字经济也融入实体经济发展,是实现经济高质量发展的新引擎、新动力。基于前面章节的论述,我们对数字经济和区域经济高质量发展提出了以下政策建议:

7.2.1 更新数字基础设施

在实现经济高质量发展的道路上,首先要建设良好的数字基础设施。通过数字经济的丰富内涵,可以发现数字经济的迅猛发展着力点主要是数字技术。新一代的数字技术包括大数据、区块链、云计算、人工智能、5G 移动通信技术等,应该加大投入,主攻提高核心技术创新和供给能力,推动数字经济稳定发展。我们也应该从多个角度积极推进数字化的建设和改造,多引进高技能的人才大力发展数字技术,夯实数字基础设施的建设。下面笔者以 5G 移动通信技术、云计算和人工智能为数字技术的典型代表具体阐述加强数字基础设施建设。

(1)5G 移动通信技术

5G 即第五代移动通信技术。3GPP(Third Generation Partnership Project,第三代合作伙伴协议)定义了 5G 的三大类场景,即增强移动宽带(eMBB)、机器类通信(mMTC)和超高可靠低时延通信(URLLC),分别指 3D/超高清视频等大流量移动宽带业务,大规模物联网业务和无人驾驶、工业自动化等。工业和信息化部发布的《2021 年通信业统计公报》显示,每万人拥有 5G 基站数大约 10.1 个。5G 的应用领域非常广泛,从微观的角度来讲涉及我们工作、生活的方方面面;从企业的角度来讲涉及生产、流通和消费,涵盖上游、中游和下游的各个方面;从宏观角度来讲涉及工业、能源、教育、医疗、文旅、智慧城市、信息消费和金融等领域。中国移动、中国电信和中国联通是 5G 服务的主要提供商,不仅在中国,甚至在世界都占有领先地位(万晓榆、罗焱卿,2022)。应该从国家层面大力支持中国移动、中国电信和中国联通等企业的研发,形成以中国标准为主的国际服务,夯实基础与产业网络深入融合发展。

(2)云计算

云(Cloud)是一个网络,具有存储的功能。云计算是一种提供资源的网络。对云存储的数据进行计算,是网络经济和平台经济的主要依托,尤其是多平台、跨设备的云计算,应该打破行业与企业的壁垒,推动企业"云"与互联网"云"无缝对接,实现数据研发、数据管理和数据服务等资源共享。这样可以为企业的生产、流通和消费各环节提供精准的数据资源共享和匹配服务,大大降低收集数据的时间成本、沟通成本、交易成本和监督成本,促进数字经济的快速发展。中国的阿里云、天翼云、腾讯云、沃云和华为云等发展势头非常猛,意味着云存储计算的需求市场非常广泛,不仅有个人服务、企业服务,还有政府治理方面的服务。云平台是数字经济发展的必需品,云服务可以大大降低购买计算机等实体机器设备的硬件成本,提高企业的工作效率。阿里巴巴、中国电信、腾讯和中国联通等企业应该重视研发,推动企业上云,领先全球"云端"服务;推动构建"三朵云",分别为研发云、制造云和管理云(李辉,2022);形成以中国运营商为主的国际服务,打造全球领先的云服务产业和云服务技术,夯实数字经济的基础设施建设(余淼杰、郭兰滨,2022)。政府部门也可以通过一些政策、津贴、补助、税收减免等制度形式激励企业进行云端的改造,创新云平台的服务策略。

(3)人工智能

中国在 AI 领域的储备相对较少,应该从国家层面运用政策性工具和市场化工具,为 AI 行业吸引人才和技术实现创新发展,如大力支持深蓝科技和科大讯飞等 AI 企业的发展。在政策、资金、人才和技术的大力保障和支持下,进一步突破 AI 前沿关键核心技术,并积极与实体经济深度联合,培育出 AI 新业态、新模式等新的经济增长点,为数字经济注入新动力。人工智能、云计算等"智能+"的发展,是数字经济软实体的提升。政府部门应该做好顶层设计,建设具有前瞻性的数字基础设施,才能促进数字经济的根深叶茂。

只有完善数字基础设施,数字经济才能更好地融入传统产业,提高资源配置的效率,实现数字产业化和产业数字化,助推经济高质量发展。政府部门需要更多地投资 5G 基站、无线光缆等 ICT 基础设施,只有"地基"打好了,数字技术才能运行得更快、更流畅,进而融合实体经济更好地发展。

7.2.2 加强区域协调发展

地区之间需要协调发展、协同发展,打破不平衡不充分发展。不同地区的资源禀赋和经济发展状况存在差距,尤其是东部和中、西部地区的数字经济发展水平差异较大,因而各地区需要结合当地实际情况制定符合当地特色的数字经济发展政策和相关文件,打破地区之间的发展壁垒、经济鸿沟,促进区域经济高质量发展。政府也应该破除地方本位思想,消除经济壁垒,扩大数字经济的红利溢出。比如东部地区可以把重心放在数字产业化和产业数字化这两方面,发挥数字经济的规模优势,发挥示范效应、辐射效应和空间溢出效应,带动周边地区的经济发展;中、西部地区可以把重心放在数字基础设施建设方面,充分利用国家的宏观调控政策,激励企业的数字经济创新作用,融合传统产业,从而缩小与东部地区的经济差距,推动区域经济的协调发展和均衡发展。

结合核心—边缘理论,最大限度地释放不同地区之间的空间溢出效应。充分发挥数字经济的空间溢出效应,加快不同地区之间生产要素和经济活动的流通,尤其是人才的流动,使数字经济发展较好的地区向周边相邻地区辐射。加强数字基础设施的建设,完善数据要素的市场化。发达地区有良好的数字经济基础,可以充分发挥数字经济空间溢出效应,带动周边地区数字经济的发展,从而促进地区之间经济高质量发展。欠发达地区数字经济基础薄弱,可以加强与发达地区之间的空间经济联系。首先,可以加强不同地区及不同城市之间的经济联系。比如关于数字经济的信息基础建设,营造良好的数字经济发展环境,不断降低城市之间、省份之间的贸易壁垒,加快城市之间的区域合作。其次,对于地区之间的网络布局,也可以结合城市之间、省份之间的现有联系和区域的特色发展,充分发挥核心城市的示范带动作用。同时对于周边地区也应该加强建设,优化区域之间的网络布局,结合不同地区的功能地位实现区域效益的最大化。构建空间布局合理,核心地区与边缘地区协调发展、分工合作的地区网络结构。再次,对于不同地区之间的空间经济联系也可以结合具体的区域制定不同的政策。积极发展数字经济,可以结合不同经济带(圈、区)的经济发展情况,扩大社会消费。同时借助"一带一路"发展契机,一则重视国际合作,带领优秀的数字企业走出国门,贡献中国智慧;二则引进优秀的数字企业,吸收其数字化先进技术和智能化管理智慧;三则增加外商直接投资,加快产业结构的优化和技术创新的进程,进而促进经济高质量发展。

7.2.3 优化产业结构

通过本经济高质量发展的测度分析我们清楚地看到,中国产业结构发展还需要进一步调整,尤其是对于中、西部地区应该要加快产业结构调整的节奏。赵西三(2017)认为数字经济通过供应链的优化促进制造业的转型升级,助推经济高质量发展。通过数字经济的基础设施提升,大力发展数字技术产业和第三产业,加快数字经济融入实体经济中,推动产业结构转型升级,促进经济高质量发展。数字经济推动数据要素流向优质高效的企业、产业、区域,并有范围经济的辐射作用,突破时间和空间的障碍。政府也应该通过数字技术的提高发展新产业、新业态和新模式,打造经济高质量发展的新经济增长点。数字技术的更新换代加快了新旧动能的转换,提升了产业结构的转型升级。

数据作为一种崭新的生产要素,改变了资本、劳动力和土地等传统生产要素的比例结构,优化了要素的配置结构并提高了要素的利用效率(马中东、宁朝山,2020)。互联网大数据交易的便捷化、匹配的精准度,也提高了供需双方的搜索效率和利用价值,助推数据要素流向高端行业和高效率行业(胡西娟、师博、杨建飞,2020),促进产业转型升级。随着数字技术的广泛应用,新产业、新业态、新模式不断涌现,推动了传统产业的融合发展,促进了产业结构的高级化和合理化。

7.2.4 提高技术创新水平

要实现经济高质量发展,必须提高高校、科研院所的自主创新能力,尤其是企业的研究机构,比如阿里研究院、中国信息通信研究院、腾讯研究院等,在前期也要加大对研发的资金投入。技术创新是企业发展的新动力,是经济高质量发展的动力源泉。

从企业的视角来看,要充分发挥人工智能、区块链、5G 移动通信等新一代数字技术的作用,将数字技术应用到企业的产品研发、项目开拓、运营管理等方面。以消费者需求为导向,以企业研发为主体,建立产、学、研、做一体的技术创新体系,带动企业的薄弱项目在基础环节实现突破,让发挥得好的项目优中更优。技术创新为企业提供了动力源泉,通过数字技术与传统经济相融合,为经济高质量发展赋予不竭动力。

在政府方面,必须建立一套比较合理的技术创新成果转化合作机制,将高校、第三方研发机构、企业研发机构和企业实体联系起来,让基础创新成果能够在企业或者工业园、科技园等孵化基地转化落地,投入生产应用,并获得更多的利润来支持技术研发和创新。政府也应该鼓励企业进行数字技术的研发和创新,争取在关键领域、核心技术上取得一定的突破。比如数字经济的人工智能方向、数据挖掘方向,争取更多的财政投入和人才引进。根据数字技术领域发展的实际情况,在"卡脖子"和"瓶颈"领域重点引进高端人才,不断提高技术创新的能力。

结合政府和企业的技术创新活动,构建合理的制度环境,鼓励数字技术关键领域的技术创新和数字经济领域的商业模式创新。引入市场机制,构建一系列的市场制度和投资制度,为技术创新保驾护航。在数字经济时代,企业更应该把握好这个"黄金窗口期",以技术创新为经济高质量发展的驱动力,构建国内国际双循环的经济发展"黄金周期"。

7.2.5 优化外商直接投资环境

数字经济的飞速发展,对跨国公司国际投资模式和动机产生了重要而深远的影响,这种影响不仅体现在纯数字经济跨国公司,也体现在传统行业的数字化转型。中国利用外资也需要转变观念,进行战略转型。

(1)逐步开拓营商环境,推动外资产业结构优化

在数字经济条件下,政府部门应该通过数字经济提升市场透明度和公平度,营造良好的营商环境。政府部门由"招商引资"转变为"招商引智"和"招商引能",而不再侧重资金,为"中国制造2025"服务(詹晓宁、欧阳永福,2018)。"招商引智"侧重"软技术",比如先进技术、研发和人才;"招商引能"侧重"硬技术",比如先进生产、研发能力。通过市场机制、开放行业领域等方式大力支持技术密集型产业的外商投资发展,支持创新型企业的外商投资发展,保障创新型企业对于技术引进、技术创新的研发投入持续高效。尤其鼓励引进高科技外资项目和信息技术、电子通信等领域的外资产业,增强外资的技术溢出和管理溢出

效应。

利用跨国公司加工制造业的优势促进加工贸易转型升级,形成产业链配套和产业集群发展。政府也应该积极转变经济发展模式,加快互联网、物联网等数字经济相关领域专业技术人才培养,开展员工技能培训,提高自主创新能力,从"人口红利"转向"技术红利"。有针对性地改善高科技领域外商投资环境,引导高科技外资企业与本土产业融合互补,增强产业链的技术溢出效应,形成互利共赢的良好局面,实现高质量可持续发展。努力做大我国数字经济市场规模,发挥虹吸效应,扩大数字经济领域外资开放度,吸引更多高质量外资流入(路玮孝,2021)。通过进口贸易引进先进技术和关键设备、获得技术外溢等方式来提高当地的技术创新水平,助推经济高质量发展。

(2)利用外资合理布局,推动区域经济协调发展

对于东部沿海地区的外商直接投资,可以充分发挥当地的产业、人才等优势,主要还是以高端技术产业、高附加值产业为主,发挥技术溢出、管理溢出和知识溢出效应。而加工贸易可以向中、西部地区转移。

对于中、西部地区的外商直接投资,政府部门除了优化外商投资环境以外,还可以给予一些优惠政策,吸引外商直接投资,拉动当地经济发展。

同时,融合东、中、西部的产业链,推动区域经济协调发展。比如,公司总部,研发、设计部门等高端服务部门可以放在东部地区,因为东部地区人才聚集,有创新的优势;而加工制造业可以放在中、西部地区,因为中、西部地区有劳动力优势。这样根据地区经济特色,发挥地区要素资源的优势,可以在国内形成产业链的融合发展。

7.2.6 加强数字人才培育

为了实现经济高质量发展,必须加强人才的培育及完善相关的配套政策。只有储备足够的数字化创新型人才,才能为经济高质量发展保驾护航。

(1)关于人才培育方面

高等院校和科研院所必须充分发挥自身的作用,尤其是充分发挥由当地人才组成的数字经济志愿服务队或者智库人才计划的作用,承担起社会责任,为当

地的政府机构和企业部门提供智囊团的支持和服务。高等院校应该紧紧围绕数字经济的综合型、复合型高精尖人才需求、人才缺口并有针对性地设立相关的专业,开发相关的课程体系。通过激励机制,比如门类多样的奖学金,与公司对接的定向培养或者订单式培养,完善培养机制,为人力资本的创新发展添砖加瓦。大力支持数字经济相关专业的培养力度,比如对计算机、自动化、智能制造、人工智能等相关学科的交叉培养,也可以以竞赛为载体,有针对性地培养一些竞技人才,使人才模式多样化。

教育行政部门更应该大力支持,扩大数字经济相关专业的招生规模,分批支持科研院所和高等院校加速开办相关的专业,培养研究型的高精尖数字人才和经济人才,设立数字人才培养基地;支持职业院校、企业和培训机构协同,产教融合,培养竞技型的专业技能人才;支持企业外引内培,自己培养人才,比如华为生态大学,加强企业现有工作人员的转型培养和培训,紧跟新一代数字技术、信息人才的需求。

(2)关于人才政策方面

不管是当地政府还是用人单位,都应该给予相应的人才引进政策,比如购房补贴或者人才公寓、配偶随调、子女入学、项目专项经费、紧缺人才津贴等,做好人才的服务工作。用人单位也应该结合单位的实际情况设立相应的长期有效的激励机制等用人政策,设立专项奖金、专项资金、专项的数字经济项目或者数字技术,甚至设立相关的绿色通道,激励人才更加积极工作、努力工作,创新工作方式。

7.2.7 完善数据要素市场

数字技术的广泛实践推动了数字经济的快速发展,反过来,数字经济的快速发展也点燃了数字技术的升级引擎,带动了数据要素市场的繁荣,形成了庞大的数据库,开拓了数据产品的市场化路径,促进了经济高质量发展。

(1)关于数据确权方面

《中共中央、国务院关于构建更加完善的要素市场化配置体制机制的意见》明确了数据是重要的生产要素,充分说明了数据要素在促进经济高质量发展过程中的价值和作用。政府部门也强调深化要素市场化配置改革,这是中央从顶层设计的角度规范数据要素的流动性和交易性。国家出台了与数据管理、数据流动、数据交易相关的一系列法律法规,比如《中华人民共和国电子商务法》《中华人民共和国数据安全法》等使数据的分析、处理和自由流动等都有章可循、有法保障,完善了数据要素的市场化地位。这些充分说明政府在努力做好数据管理这个项目,促进数据要素市场化,让数字经济更为健康地发展。但是数据要素市场化是"摸着石头过河",也还有很多不成熟的地方,对政府部门、企业都提出了挑战。

(2)关于数据交易方面

由于数据和我们生活中的产品和服务不一样,具有其独有的特点,比如可以轻松地复制、传输、交易、共享。数据不像实物产品可以拿在手里,看得见摸得着,所以要确定数据的所有权、使用权、交易权有一定的难度。对此,我国建设了中关村数海大数据交易平台、贵阳大数据交易所等(吴洁、张云,2021)。政府、行业、企业可以共同协作,利用数字技术实现数据的集成,建设国家、政府、企业的数据交易平台,实现数据交易和数据共享。不仅要充分发挥数据在数字经济发展过程中的价值和作用,也要有条件地保护数据隐私,加快推进数据要素的市场化,推动经济高质量发展。通过市场竞争机制提供一个健康安全又有保障的数据交易平台、健全的数据评估机构和数据交易场所;通过政策制度提供一个干净整洁的运营机构和监管环境,积极推动数据要素在不同地区、不同企业和不同行业间的交易和共享(任晓刚、李冠楠、王锐,2022)。这将带来区域、企业、行业和产业的"协调发展",推动经济高质量发展。

7.3 不足与展望

7.3.1 不足之处

由于数字经济有些指标的数据无法获取,所以本书更多地使用各地统计年鉴和统计局官网的相关数据;基于经济高质量发展指数等其他变量来自于2006—2019 年,所以实证的面板数据、空间效应的研究数据也都是选取 2011—

2019年一共9年的数据。在以后的研究中,笔者将利用相对长一些的时间长度的数据开展实证研究,这样,得到的结果更具有普适性,也能为政策建议部分提供更完善的实证依据。

7.3.2 研究展望

由于本书的研究数据时间相对而言不长,研究方法还不够丰富,研究过程中还有一些前瞻性的工作没有开展,所以在以后的研究中可以更为深入地进行分析,具体表现为以下几个方面:

(1)数据的获取可以更为完善

随着时间的推移,数字经济发展水平的数据也会越来越完善。因为国家层面、政府部门和学术界都非常重视数字经济的发展,越来越多的人关注数字经济,所以不仅是统计年鉴数据的完善,第三方研究机构的数据也会更加完善。接下来不仅是省级层面,地级市的数据也会越来越丰富,能真实且直接体现数字经济发展水平的指标体系也可以更为完善。关于数字经济的研究也可以更为详细且贴合实际,为本课题的后续研究提供坚实的数据基础。

(2)数字经济的理论体系可以更为成熟

由于数字经济发展的时间不长,所以关于数字经济的相关学术理论还不成熟。从现有文献我们发现学术界关于数字经济的概念和特征已经有越来越多的论述,关于数字经济的理论体系的文献也在增多。蔡元培教授提倡学术自由、兼容并包,对于数字经济理论体系的构建也同样适用。随着学者们对数字经济理论体系的贡献增多,百家争鸣、百花齐放,那么数字经济的理论体系将更为成熟,从而为后续的研究奠定了扎实的理论基础。

(3)数字经济对经济高质量发展的研究视角也将更为丰富

随着时间的推移,结合前面论述的数据将会更加完善,理论将会更加成熟,那么对于数字经济和区域经济高质量发展的研究视角也将更为丰富。本书主要是从省级面板数据出发论证数字经济和区域经济高质量发展之间的关系。在以后的研究中,我们可以从城市群的视角、地级市的视角、制造业的视角、服务业的视角、产业数字化转型的视角、企业数字化转型的视角等来进行更为深入的研究。

参考文献

[1]Anselin L. , Rey S. J. , Li W.. Metadata and provenance for spatial analysis: The case of spatial weights[J]. *International Journal of Geographical Information Science*, 2014, 28(11): 2261-2280.

[2] Acemoglu D. , P. Restrepo. Robots and Jobs: Evidence from U. S. Labor Markets[J]. *Journal of Political Economy*, 2020, 128(6):2188-2244.

[3] Aghion P. , Akcigit U. , Howitt P.. What Do We Learn from Schumpeterian Growth Theory [J]. *Handbook of Economic Growth*, 2014, (2): 515-563.

[4]Agrawal A. , J. S. Gans, A. Goldfarb. Economic Policy for Artificial Intelligence[J]. *Innovation Policy and the Economy*, 2019(19):139-159.

[5]Arthur W. B.. Competing Technologies, Increasing Returns, and Lock-In by Historical Events[J]. *The Economic Journal*, 1989, 99(394):116-131.

[6]Autor D. , D. Dorn, L. F. Katz, et al.. The Fall of the Labor Share and the Rise of Superstar Firms[J]. *Quarterly Journal of Economics*, 2020, 135(2):645-709.

[7]Baron R. M. , Kenny D. A.. The Moderator Variable Distinction in Social Psychological Research: Conceptual, Strategic and Statistical Considerations [J]. *Journal of Personality and Social Psychology*, 1986, (51):1173-1182.

[8]Beomsoo K. , Anitesh B. , Andrew B. W.. Virtual Field Experiments for A

Digital Economy: A New Research Methodology for Exploring An Information Economy[J]. *Decision Support Systems*, 2002,32(3):215-231.

[9]Bessen J.. Automation and Jobs: When Technology Boosts Employment [J]. *Economic Policy*, 2018,34:589-626.

[10]Bloom N., R. Sadun,J. Van Reenen. The Organization of Firms Across Countries[J]. *Quarterly Journal of Economics*,2012,127(4):1663-1705.

[11]Borisov D., E. Serban. The Digital Divide in Romania—A Statistical Analysis[J]. *Economia Seria Management*,2013,15(1): 347-355.

[12]Brynjolfsson E., Hitt L. M.. Beyond computation: Information Technology, Organizational Transformation and Business Performance[J]. *Journal of Economic perspectives*, 2000, 14(4): 23-48.

[13]Chen P. A. ,D. Lambert, K. R.. Guidry, Engaging Online Learners: The Impact of Web-Based Learning Technology on College Student Engagement[J]. *Computers and Education*,2010,54(4): 1222-1232.

[14]Chou Y. C. ,H. H. C. Chuang, B. B. Shao. The Impacts of Information Technology on Total Factor Productivity: A Look at Externalities and Innovations International[J]. *Journal of Production Economics*,2014(158):290-299.

[15]Clarke G. R. G. ,Wallsten S. J.. Has the Internet Increased Trade Developed and Developing Country Evidence[J]. *Economic Inquiry*,2006(3):465-484.

[16]Coase R. H.. The nature of the Firm[J]. *Economica*,1937(6):486-405.

[17]Elhorst J. P.. Matlab Software for Spatial Panels[J]. *International Regional Science Review*, 2014,68(2):401-420.

[18] Escribano A., Fosfuri A., Tribo J. A.. Managing External Knowledge Flows: The Moderating Role of Absorptive Capacity[J]. *Research Policy*,2009,38 (1):96-105.

[19]Freund C. L. ,Weinhold D.. On the Effect of the Internet on International Trade[J]. *Journal of International Economics*,2004(1) :171-189.

[20]Friedmann J.. Two Concepts of Urbanization: A Comment[J]. *Urban Affairs Quarterly*, 1966, 1(4): 78-84.

[21]Frolov S. M., Kremen O. I., Ohol D. O.. Scientific Methodical Approaches to Evaluating the Quality of Economic Growth[J]. *Actual Problems of Economics*, 2015, 173(11): 393-398.

[22]Jorgenson D., Griliches Z.. The Explanation of Productivity Change[J]. *Review of Economic Studies*, 1967,34(3):249-283.

[23]Geary R. C.. The Contiguity Ratio and Statistical Mapping[J]. *Incorporated Statistician*,1954,5(3):115-145.

[24]Graetz G., G. Michaels. Robots at Work[J]. *Review of Economics and Statistics*,2018,100(5):753-768.

[25]Hansen B. E.. Threshold Effects in Non-dynamic Panels: Estimation, Testing, and Inference[J]. *Journal of Econometrics*,1993(2), 345-368.

[26]Hjort J., J. Poulsen. The Arrival of Fast Internet and Employment in Africa[J]. *American Economic Review*,2019,109(3):1032-1079.

[27]Katz M. L.,Shapiro C.. Network Externalities,Competition,and Competition,and Compatibility[J]. *American Economic Reviws*,1985,75(3):424-440.

[28]Keller W.. Trade and the Transmission of Technology[J]. *Journal of Economic Growth*,2002,7(1):5-24.

[29]Kling R., Lamb R.. IT and Organizational Change in Digital Economies: A Socio-technical Approach[J]. *Acm Sigcas Computers and Society*, 1999, 29(3):17-25.

[30]Lane N.. Advancing the Digital Economy into the 21st Century[J]. *Information Systems Frontiers*, 1999, 1(3): 317-320.

[31]Lashkari D.,A. Bauer, J. Boussard. Information Technology and Returns to Scale[R]. *SSRN Working Paper*, 2020.

[32]Lee,Mccjs,Townj. The Impact of Health Information Technology on Hospi-

tal productivity[J]. *The Rand Journal of Economics*, 2013,44(3),545-568.

[33] Liu L., Nath H. K.. Information and Communications Technology and Trade in Emerging Market Economies[J]. *Emerging Markets Finance and Trade*, 2013(6):67-87.

[34] Machlup F.. *The Production and Distribuiotn of Kowledge in the United States* [M]. New Jesrey:Princeton University Press,1962.

[35] Miller P., Wilsdon J.. Digital Futures—An Agenda for A Sustainable Digital Economy[J]. *Corporate Environmental Strategy*, 2001, 8(3): 275-280.

[36] Moran P. A. P.. The Interpretation of Statistical Maps,Journal of Royal Statistical Society[J]. *Journal of the Royal Statistical Society*,1948,(10):243-251.

[37] Nunn N., Qian N.. U. S. Food Aid and Cicil Conflict[J]. *The American Economic Review*, 2014,104(6):1630-1666.

[38] Porat M.. *The Information Economy:Definition and Measurement* [M]. Washington,D. C. :U. S. Department of Commerce,1977.

[39] P. S. Heo,D. H. Lee. Evolution of the Linkage Structure of ICT Industry and Its Role in the Economic System: the Case of Korea[J]. *Information Technology for Development*, 2019, 25(3):424-454.

[40] Solow R. M.. A Contribution to the Theory of Economic Growth [J]. *Quarterly Journal of Economics*,1956,1:65-94.

[41] Sungjoo LEE, Moon-Soo KIM, Yong-Tae PARK. ICT Co-evolution and Korean ICT Strategy: An Analysis Based on Patent Data[J]. *Telecommunications Policy*, 2009, 33(5):253-271.

[42] Suzumura K.. Cooperative and Noncooperative R&D in An Oligopoly with Spillovers[J]. *American Economic Review*,1992,(82):1307-1320.

[43] UNCTAD. *Digital Economy Report* 2019 *Value Creation and Capture:Implication for Developing Countries*[M]. New York:United Nations Publishing,2019.

[44] Vial G.. Understanding Digital Transformation:A Review and A Research

Agenda[J]. *Journal of Strategic Information Systems*,2019,28(2):118-144.

[45]Yilmaz S.,Haynes K. E.,Dinc M.. Geographic and Network Neighbors: Spillover Effects of Telecommunications Infrastructure[J]. *Journal of Regional Science*,2002,42(2):339-360.

[46]Zhao Jincai, et al.. Environmental Vulnerability Assessment for Mainland China Based on Entropy Method[J]. *Ecological Indicators*, 2018,91:410-422.

[47]柏培文,张云. 数字经济、人口红利下降与中低技能劳动者权益[J]. 经济研究,2021,56(5):91-108.

[48]蔡跃洲,陈楠. 新技术革命下人工智能与高质量增长、高质量就业[J]. 数量经济技术经济研究,2019,36(5):3-22.

[49]钞小静,薛志欣. 新时代中国经济高质量发展的理论逻辑与实践机制[J]. 西北大学学报(哲学社会科学版),2018,48(6):12-22.

[50]曹正勇. 数字经济背景下促进我国工业高质量发展的新制造模式研究[J]. 理论探讨,2018(2):99-104.

[51]昌忠泽,孟倩. 信息技术影响产业结构优化升级的中介效应分析——来自中国省级层面的经验证据[J]. 经济理论与经济管理,2018(6):39-50.

[52]陈庆江,王月苗,王彦萌. 高管团队社会资本在数字技术赋能企业创新中的作用——"助推器"还是"绊脚石"?[J]. 上海财经大学学报,2021,23(4):3-17.

[53]陈诗一,陈登科. 雾霾污染、政府治理与经济高质量发展[J]. 经济研究,2018,53(2):20-34.

[54]陈晓东,杨晓霞. 数字经济发展对产业结构升级的影响——基于灰关联熵与耗散结构理论的研究[J]. 改革,2021(3):26-39.

[55]丛屹,俞伯阳. 数字经济对中国劳动力资源配置效率的影响[J]. 财经理论与实践,2020,41(2):108-114.

[56]邓创,曹子雯. 中国经济高质量发展水平的测度与区域异质性分析[J]. 西安交通大学学报(社会科学版),2022,42(2):31-39.

[57]董小君,石涛. 驱动经济高质量发展的科技创新要素及时空差异——

2009—2017年省级面板数据的空间计量分析[J].科技进步与对策,2020,37(4):52-61.

[58]丁守海,徐政.新格局下数字经济促进产业结构升级:机理、堵点与路径[J].理论学刊,2021(3):68-76.

[59]丁玉龙,秦尊文.信息通信技术对绿色经济效率的影响——基于面板Tobit模型的实证研究[J].学习与实践,2021(4):32-44.

[60]丁志帆.数字经济驱动经济高质量发展的机制研究:一个理论分析框架[J].现代经济探讨,2020(1):85-92.

[61]范合君,吴婷.数字化能否促进经济增长与高质量发展——来自中国省级面板数据的经验证据[J].管理学刊,2021,34(3):36-53.

[62]范鑫.数字经济与出口:基于异质性随机前沿模型的分析[J].世界经济研究,2021(2):64-76+135.

[63]葛和平,吴福象.数字经济赋能经济高质量发展:理论机制与经验证据[J].南京社会科学,2021(1):24-33.

[64]关会娟,许宪春,张美慧,等.中国数字经济产业统计分类问题研究[J].统计研究,2020,37(12):3-16.

[65]郭晗.数字经济与实体经济融合促进高质量发展的路径[J].西安财经大学学报,2020,33(2):20-24.

[66]郭芸,范柏乃,龙剑.我国区域高质量发展的实际测度与时空演变特征研究[J].数量经济技术经济研究,2020,37(10):118-132.

[67]国家发展改革委经济研究所课题组.推动经济高质量发展研究[J].宏观经济研究,2019(2):5-17.

[68]韩峰,胡玉珠,陈祖华.国家审计推进经济高质量发展的作用研究——基于地级城市面板数据的空间计量分析[J].审计与经济研究,2020,35(1):29-40.

[69]韩峰,阳立高.生产性服务业集聚如何影响制造业结构升级?——一个集聚经济与熊彼特内生增长理论的综合框架[J].管理世界,2020,36(2):72-94+219.

[70]何冬梅,刘鹏.人口老龄化、制造业转型升级与经济高质量发展——基于中介效应模型[J].经济与管理研究,2020,41(1):3-20.

[71]何江,张馨之.中国区域人均 GDP 增长速度的探索性空间数据分析[J].统计与决策,2006(22):72-74.

[72]何宗樾,宋旭光.数字经济促进就业的机理与启示——疫情发生之后的思考[J].经济学家,2020(5):58-68.

[73]胡西娟,师博,杨建飞.数字经济优化现代产业体系的机理研究[J].贵州社会科学,2020(11):141-147.

[74]华坚,胡金昕.中国区域科技创新与经济高质量发展耦合关系评价[J].科技进步与对策,2019,36(8):19-27.

[75]黄群慧,余泳泽,张松林.互联网发展与制造业生产率提升:内在机制与中国经验[J].中国工业经济,2019(8):5-23.

[76]黄庆华,时培豪,胡江峰.产业集聚与经济高质量发展:长江经济带 107 个地级市例证[J].改革,2020(1):87-99.

[77]黄文,张羽瑶.区域一体化战略影响了中国城市经济高质量发展吗？——基于长江经济带城市群的实证考察[J].产业经济研究,2019(6):14-26.

[78]金碚.关于"高质量发展"的经济学研究[J].中国工业经济,2018(4):5-18.

[79]贾洪文,张伍涛,盘业哲.科技创新、产业结构升级与经济高质量发展[J].上海经济研究,2021(5):50-60.

[80]荆文君,孙宝文.数字经济促进经济高质量发展:一个理论分析框架[J].经济学家,2019(2):66-73.

[81][苏]卡马耶夫.经济增长的速度和质量[M].陈华山等,译,武汉:湖北人民出版社,1983.

[82]蓝庆新.数字经济是推动世界经济发展的重要动力[J].人民论坛·学术前沿,2020(8):80-85.

[83]黎新伍,徐书彬.基于新发展理念的农业高质量发展水平测度及其空间分布特征研究[J].江西财经大学学报,2020(6):78-94.

[84]李柏洲,张美丽.数字化转型对区域经济高质量发展的作用机理研究———区域创新能力的调节作用[J].系统工程,2022,40(1):57-68.

[85]李长江.关于数字经济内涵的初步探讨[J].电子政务,2017(9):84-92.

[86]李辉.数字经济推动企业向高质量发展的转型[J].西安财经大学学报,2020,33(2):25-29.

[87]李天籽,王伟.网络基础设施的空间溢出效应比较研究[J].华东经济管理,2018,32(12):5-12.

[88]李晓华.数字经济新特征与数字经济新动能的形成机制[J].改革,2019(11):40-51.

[89]李晓钟,吴甲戌.数字经济驱动产业结构转型升级的区域差异[J].国际经济合作,2020(4):81-91.

[90]李研.中国数字经济产出效率的地区差异及动态演变[J].数量经济技术经济研究,2021,38(2):60-77.

[91]李宗显,杨千帆.数字经济如何影响中国经济高质量发展?[J].现代经济探讨,2021(7):10-19.

[92]连玉君,程建.不同成长机会下资本结构与经营绩效之关系研究[J].当代经济科学,2006(2):97-103+128.

[94]梁琦,肖素萍,李梦欣.数字经济发展提升了城市生态效率吗?——基于产业结构升级视角[J].经济问题探索,2021(6):82-92.

[95]林毅夫,董先安,殷韦.技术选择、技术扩散与经济收敛[J].财经问题研究,2004(6):3-10.

[96]刘传明,尹秀,王林杉.中国数字经济发展的区域差异及分布动态演进[J].中国科技论坛,2020(3):97-109.

[97]刘军,杨渊鋆,张三峰.中国数字经济测度与驱动因素研究[J].上海经济研究,2020(6):81-96.

[98]刘儒,张艺伟.数字经济与共同富裕——基于空间门槛效应的实证研究[J].西南民族大学学报(人文社会科学版),2022,43(3):90-99.

[99]刘思明,张世瑾,朱惠东.国家创新驱动力测度及其经济高质量发展效应研究[J].数量经济技术经济研究,2019,36(4):3-23.

[100]刘淑春.中国数字经济高质量发展的靶向路径与政策供给[J].经济学家,2019(6):52-61.

[101]刘伟.现代化经济体系是发展、改革、开放的有机统一[J].经济研究,2017(11):6-8.

[102]刘耀彬,熊瑶.环境规制对区域经济发展质量的差异影响——基于HDI分区的比较[J].经济经纬,2020,37(3):1-10.

[103]刘志彪.理解高质量发展:基本特征、支撑要素与当前重点问题[J].学术月刊,2018,50(7):39-45+59.

[104]鲁邦克,邢茂源,杨青龙.中国经济高质量发展水平的测度与时空差异分析[J].统计与决策,2019,35(21):113-117.

[105]鲁玉秀,方行明,张安全.数字经济、空间溢出与城市经济高质量发展[J].经济经纬,2021,38(6):21-31.

[106]路玮孝.产业数字化转型对跨国公司FDI影响及机制研究[J].亚太经济,2021(4):82-92.

[107]罗珉,李亮宇.互联网时代的商业模式创新:价值创造视角[J].中国工业经济,2015(1):95-107.

[108]罗贞礼.我国数字经济发展的三个基本属性[J].人民论坛·学术前沿,2020(17):6-12.

[109]吕祥伟,辛波.人力资本促进经济高质量发展的空间效应及其溢出效应研究[J].广东财经大学学报,2020,35(4):34-47.

[110]吕承超,崔悦.中国高质量发展地区差距及时空收敛性研究[J].数量经济技术经济研究,2020,37(9):62-79.

[111]马化腾,孟昭莉,闫德利,等.数字经济·中国创新增长新动能[M].北京:中信出版集团,2017.

[112]马茹,张静,王宏伟.科技人才促进中国经济高质量发展了吗?——

基于科技人才对全要素生产率增长效应的实证检验[J].经济与管理研究,2019,40(5):3-12.

[113]马茹,罗晖,王宏伟,等.中国区域经济高质量发展评价指标体系及测度研究[J].中国软科学,2019(7):60-67.

[114]马中东,宁朝山.数字经济、要素配置与制造业质量升级[J].经济体制改革,2020(3):24-30.

[115]宁朝山.基于质量、效率、动力三维视角的数字经济对经济高质量发展多维影响研究[J].贵州社会科学,2020(4):129-135.

[116]欧进锋,许抄军,刘雨骐.基于"五大发展理念"的经济高质量发展水平测度——广东省21个地级市的实证分析[J].经济地理,2020,40(6):77-86.

[117]裴长洪,倪江飞,李越.数字经济的政治经济学分析[J].财贸经济,2018,39(9):5-22.

[118]潘桔,郑红玲.区域经济高质量发展差异的时空演变特征[J].统计与决策,2021,37(24):88-92.

[119]戚聿东,朱正浩.逆全球化背景下全球生产性服务业FDI新趋势及动力机制分析[J].经济管理,2020,42(7):56-74.

[120]任保平.经济增长质量:理论阐释、基本命题与伦理原则[J].学术月刊,2012,44(2):63-70.

[121]任保平.新时代高质量发展的政治经济学理论逻辑及其现实性[J].人文杂志,2018(2):26-34.

[122]任保平,钞小静,魏婕,等.中国经济增长质量报告(2012)[M].北京:中国经济出版社,2012.

[123]任晓刚,李冠楠,王锐.数字经济发展、要素市场化与区域差距变化[J].中国流通经济,2022,36(1):55-70.

[124]上官绪明,葛斌华.科技创新、环境规制与经济高质量发展——来自中国278个地级及以上城市的经验证据[J].中国人口·资源与环境,2020,30(6):95-104.

[125]师博.数字经济促进城市经济高质量发展的机制与路径[J].西安财经大学学报,2020,33(2):10-14.

[126]师博.论现代化经济体系的构建对我国经济高质量发展的助推作用[J].陕西师范大学学报(哲学社会科学版),2018,47(3):126-132.

[127]师博,任保平.中国省际经济高质量发展的测度与分析[J].经济问题,2018(4):1-6.

[128]师博,张冰瑶.新时代、新动能、新经济——当前中国经济高质量发展解析[J].上海经济研究,2018(5):25-33.

[129]史丹,李鹏.我国经济高质量发展测度与国际比较[J].东南学术,2019(5):169-180.

[130]史佳颖.APEC数字经济合作评估及中国的参与策略[J].亚太经济,2021(2):8-17.

[131]宋洋.经济发展质量理论视角下的数字经济与高质量发展[J].贵州社会科学,2019(11):102-108.

[132]孙培蕾,郭泽华.经济高质量发展空间差异与影响因素分析[J].统计与决策,2021,37(16):123-125.

[133]孙耀武,胡智慧.数字经济、产业升级与城市环境质量提升[J].统计与决策,2021,37(23):91-95.

[134]孙艺璇,程钰,刘娜.中国经济高质量发展时空演变及其科技创新驱动机制[J].资源科学,2021,43(1):82-93.

[135]陶长琪,彭永樟.制度邻近下知识势能对区域技术创新效率的空间溢出效应[J].当代财经,2018(2):15-25.

[136]腾讯研究院.中国"互联网+"数字经济指数(2017)[R].2017.

[137]田俊峰,王彬燕,王士君,等.中国东北地区数字经济发展空间分异及成因[J].地域研究与开发,2019,38(6):16-21.

[138]万晓榆,罗焱卿.数字经济发展水平测度及其对全要素生产率的影响效应[J].改革,2022(1):101-118.

[139]万永坤,王晨晨.数字经济赋能高质量发展的实证检验[J].统计与决策,2022,38(4):21-26.

[140]汪侠,徐晓红.长江经济带经济高质量发展的时空演变与区域差距[J].经济地理,2020,40(3):5-15.

[141]汪宇明.核心—边缘理论在区域旅游规划中的运用[J].经济地理,2002(3):372-375.

[142]王兵,徐霞,吴福象.研发要素流动的时空特征及对中国经济高质量发展的影响[J].经济地理,2021,41(11):9-18.

[143]王军,詹韵秋."五大发展理念"视域下中国经济增长质量的弹性分析[J].软科学,2018,32(6):26-29.

[144]王军,朱杰,罗茜.中国数字经济发展水平及演变测度[J].数量经济技术经济研究,2021,38(7):26-42.

[145]王凯.数字经济、资源配置与产业结构优化升级[J].金融与经济,2021(4):57-65.

[146]王文举,姚益家.北京经济高质量发展指标体系及测度研究[J].经济与管理研究,2021,42(6):15-25.

[147]王林辉,袁礼.有偏型技术进步、产业结构变迁和中国要素收入分配格局[J].经济研究,2018,53(11):115-131.

[148]魏婕,任保平.中国各地区经济增长质量指数的测度及其排序[J].经济学动态,2012(4):27-33.

[149]魏敏,李书昊.新时代中国经济高质量发展水平的测度研究[J].数量经济技术经济研究,2018,35(11):3-20.

[150]温忠麟,叶宝娟.中介效应分析:方法和模型发展[J].心理科学进展,2014,22(5):731-745.

[151]吴洁,张云.要素市场化配置视域下数据要素交易平台发展研究[J].征信,2021,39(1):59-66.

[152]吴晓怡,张雅静.中国数字经济发展现状及国际竞争力[J].科研管

理,2020,41(5):250-258.

[153]吴振华.技术创新影响产业结构优化的门槛效应研究[J].中国科技论坛,2021(4):1-11.

[154]肖国安,张琳.数字经济发展对中国区域全要素生产率的影响研究[J].合肥工业大学学报(社会科学版),2019,33(5):6-12.

[155]肖周燕.中国高质量发展的动因分析——基于经济和社会发展视角[J].软科学,2019,33(4):1-5.

[156]邢小强,周平录,张竹,等.数字技术、BOP商业模式创新与包容性市场构建[J].管理世界,2019,35(12):116-136.

[157]徐维祥,周建平,刘程军.数字经济发展对城市碳排放影响的空间效应[J].地理研究,2022,41(1):111-129.

[158]徐晓慧.数字经济与经济高质量发展:基于产业结构升级视角的实证[J].统计与决策,2022,38(1):95-99.

[159]徐志向,丁任重.新时代中国省际经济发展质量的测度、预判与路径选择[J].政治经济学评论,2019,10(1):172-194.

[160]许恒,张一林,曹雨佳.数字经济、技术溢出与动态竞合政策[J].管理世界,2020,36(11):63-84.

[161]许宪春,张美慧.中国数字经济规模测算研究——基于国际比较的视角[J].中国工业经济,2020(5):23-41.

[162][英]亚当·斯密.国民财富的性质和原因的研究[M].郭大力,王亚南,译,北京:商务印书馆,1972.

[163]杨慧梅,江璐.数字经济、空间效应与全要素生产率[J].统计研究,2021,38(4):3-15.

[164]杨佩卿.数字经济的价值、发展重点及政策供给[J].西安交通大学学报(社会科学版),2020,40(2):57-65+144.

[165]杨耀武,张平.中国经济高质量发展的逻辑、测度与治理[J].经济研究,2021,56(1):26-42.

[166]姚维瀚,姚战琪.数字经济、研发投入强度对产业结构升级的影响[J].西安交通大学学报(社会科学版),2021,41(5):11-21.

[167]姚战琪.数字贸易对人均消费支出的影响研究[J].学术探索,2021(3):87-97.

[168]姚志毅,张扬.数字经济与区域经济联动性的动态分析[J].经济经纬,2021,38(1):27-36.

[169]杨青峰,李晓华.数字经济的技术经济范式结构、制约因素及发展策略[J].湖北大学学报(哲学社会科学版),2021,48(1):126-136.

[170]杨伟民.贯彻中央经济工作会议精神 推动高质量发展[J].宏观经济管理,2018(2):13-17.

[171]杨新铭.数字经济:传统经济深度转型的经济学逻辑[J].深圳大学学报(人文社会科学版),2017,34(4):101-104.

[172]易观智库.中国数字经济全景白皮书[R].2021.

[173]余淼杰,郭兰滨.数字贸易推动中国贸易高质量发展[J].华南师范大学学报(社会科学版),2022(1):93-103+206.

[174]于涛方,甄峰,吴泓.长江经济带区域结构:"核心—边缘"视角[J].城市规划学刊,2007(3):41-48.

[175]余泳泽,杨晓章,张少辉.中国经济由高速增长向高质量发展的时空转换特征研究[J].数量经济技术经济研究,2019,36(6):3-21.

[176]赵儒煜,常忠利.经济高质量发展的空间差异及影响因素识别[J].财经问题研究,2020(10):22-29.

[177]赵涛,张智,梁上坤.数字经济、创业活跃度与高质量发展——来自中国城市的经验证据[J].管理世界,2020,36(10):65-76.

[178]赵西三.数字经济驱动中国制造转型升级研究[J].中州学刊,2017(12):36-41.

[179]詹新宇,崔培培.中国省际经济增长质量的测度与评价——基于"五大发展理念"的实证分析[J].财政研究,2016(8):40-53.

[180]詹晓宁,欧阳永福.数字经济下全球投资的新趋势与中国利用外资的新战略[J].管理世界,2018,34(3):78-86.

[181]张景波.城市经济高质量发展的空间差异及收敛性研究[D].大连:东北财经大学,2019.

[182]张军扩,侯永志,刘培林,等.高质量发展的目标要求和战略路径[J].管理世界,2019,35(7):1-7.

[183]张明斗,李玥.长江经济带城市经济高质量发展的时空演变与收敛性[J].华东经济管理,2022,36(3):24-34.

[184]张杰,杨连星,新夫.房地产阻碍了中国创新么?——基于金融体系贷款期限结构的解释[J].管理世界,2016(5):64-80.

[185]张鹏.数字经济的本质及其发展逻辑[J].经济学家,2019(2):25-33.

[186]张森,温军,刘红.数字经济创新探究:一个综合视角[J].经济学家,2020(2):80-87.

[187]张腾,蒋伏心,韦朕韬.数字经济能否成为促进我国经济高质量发展的新动能?[J].经济问题探索,2021(1):25-39.

[188]张新红.数字经济与中国发展[J].电子政务,2016(11):2-11.

[189]张侠,许启发.新时代中国省域经济高质量发展测度分析[J].经济问题,2021(3):16-25.

[190]张焱.数字经济、溢出效应与全要素生产率提升[J].贵州社会科学,2021(3):139-145.

[191]张扬,解柠羽,韩清艳.中国经济高质量发展水平测度与空间差异研究[J].统计与决策,2022,38(1):103-107.

[192]张震,刘雪梦.新时代我国15个副省级城市经济高质量发展评价体系构建与测度[J].经济问题探索,2019(6):20-31.

[193]张震,覃成林.新时期京津冀城市群经济高质量发展分析[J].城市问题,2021(9):38-48.

[194]赵星,王林辉.中国城市创新集聚空间演化特征及影响因素研究[J].

经济学家,2020(9):75-84.

[195]郑耀群,崔笑容.城镇化高质量发展的测度与区域差距——基于新发展理念视角[J].华东经济管理,2021,35(6):79-87.

[196]钟敏.国际数字经济测度的实践经验及中国的战略选择[J].经济体制改革,2021(3):158-165.

[197]周瑜.数字技术驱动公共服务创新的经济机理与变革方向[J].当代经济管理,2020,42(2):78-83.

[198]中国信息通信研究院.中国数字经济发展白皮书2021[R].2021.

[199]中国互联网络信息中心(CNNIC).第48次中国互联网络发展状况统计报告[R].2021.